HARALD WEINRICH

ÜBER DAS HABEN

Harald Weinrich

ÜBER DAS HABEN

33 Ansichten

C.H.Beck

Mit zwei Abbildungen

Satz: Fotosatz Amann, Aichstetten
Druck und Bindung: CPI – Ebner & Spiegel, Ulm
Gedruckt auf säurefreiem, alterungsbeständigem Papier
(hergestellt aus chlorfrei gebleichtem Zellstoff)
Umschlagentwurf: Kunst oder Reklame, München
Umschlagabbildung: Jean-Léon Gérôme, Diogenes in der Tonne,
Walters Art Museum, Baltimore, © The Bridgeman Art Libary
Printed in Germany
ISBN 978 3 406 64094 0

www.beck.de

INHALT

DRITTER ABSCHNITT

Lebenszeit und Körperlichkeit

VIERTER ABSCHNITT

Buchführung und Bilanzen

FÜNFTER ABSCHNITT

Streit haben, Krieg haben, Hoffnung haben

DAS VORHABEN – MIT DIOGENES UND SEINER LATERNE

Auf dem Umschlag dieses Buches ist der griechische Philosoph Diogenes zu sehen, so wie er auf einem Gemälde des französischen Malers Jean-Léon Gérôme (1824–1904) dargestellt ist.[1] Man erkennt ihn an seiner Tonne und an seiner Laterne. Die brüchige Tonne, die dem bedürfnislosen Philosophen als Unterkunft dient, ist auf dem Bild an ein repräsentatives Gebäude angelehnt, das zu einem städtischen Platz gehört. Zu vermuten ist, dass sich die Szene auf der Agora, dem zentralen Platz des alten Athen, abspielt.

Diogenes ist nur mit einem Lendentuch bekleidet. Ein Hemd, das ihm anscheinend auch noch gehört, ist an einer seitlichen Stange aufgehängt. Keine weitere HABE* ist erkennbar. Doch hält der Philosoph eine brennende Laterne auf den Knien. Offenbar hat er sie gerade angezündet. Ihr Licht ist nur schwach zu sehen. Vier Hunde umlagern die Szene im Halbkreis. Sie vertreten zusammen mit Diogenes dessen philosophische Schule der «Kyniker» (von griech. *kyon* «Hund»). So beobachten sie auf dem Bild des Malers aufmerksam, was der Meister wohl VORHAT.

Gleich wird der Philosoph aufstehen und bei Tageslicht mit seiner brennenden Laterne auf dem Platz umhergehen und dabei ausrufen: «Ich suche einen Menschen!» Woran er den gesuchten Menschen erkennen will, ist nicht überliefert. Sucht Diogenes vielleicht einen Menschen, der ihm selber darin gleicht, dass er so gut wie NICHTS HAT? Sind etwa die NICHT-HABENDEN oder HABENICHTSE überhaupt die besseren und menschlicheren Menschen, die man selbst bei Tageslicht mit der Laterne suchen muss?

Vielleicht hat sich Diogenes jedoch bei seiner Suche nach einem

* Alle typographischen Auszeichnungen durch KAPITÄLCHEN stammen in diesem Buch vom Autor und kennzeichnen durchgehend die gewählte Thematik.

Menschen von der Philosophie seines etwas jüngeren Zeitgenossen Aristoteles anleiten lassen und mit dessen bekannter Beschreibung einen Menschen gesucht, der als ein Lebewesen gelten kann, das «Vernunft HAT» (*logon ECHEI*). Dann ist ein Mensch, wie ihn die Philosophen suchen, eben doch nicht nur an dem zu erkennen, was er NICHT HAT, sondern weit eher an dem, was er HAT, zum Beispiel an seinem «Logos». Daran wird für uns Nachgeborene ersichtlich, dass außer nach dem materiellen immer auch nach einem immateriellen HABEN zu suchen ist und dass dieses vermutlich mindestens so sehr ins Gewicht fällt wie jenes.

Um nun in jeder denkbaren Hinsicht herauszufinden, wie es sich überhaupt in der Welt mit dem HABEN und dem NICHT-HABEN verhält, haben wir dazu die Philosophie oder überhaupt eine eigene Wissenschaft nötig? Eine HABEN-Wissenschaft oder wie man sie nennen will? Es gibt sie noch nicht. Vielleicht kann dieses Buch ihr insofern zur Existenz verhelfen, als es zunächst diejenigen Wissenschaften befragt, die schon jetzt und seit langem zum Thema HABEN und NICHT-HABEN ein beachtliches Wissen angesammelt haben. Sodann aber müssen zu diesem alten Problem neue Fragen gestellt werden.

Solange nun diese HABEN-Wissenschaft – vielleicht zu ihrem Vorteil – ein offenes Projekt der Forschung bleibt, wollen wir uns in diesem Buch fürs erste mit einem bescheideneren Ziel zufrieden geben. Wenn schon keine fertige Wissenschaft zur Hand ist, hilft doch vielleicht die Kunst. Und zwar im alten und klassischen Sinne des Wortes, das heißt als eine kategorial geordnete und übersichtlich gegliederte Darstellung vieler unterschiedlicher Lebens- und Denkerfahrungen, wie sie im Laufe der Zeiten mit dem HABEN gemacht und dokumentiert worden sind, also als eine KUNST DES HABENS (*ars habendi*), die allerdings eine KUNST DES NICHT-HABENS (*ars egendi*) umschließen muss.

Diese Kunst des HABENS mitsamt ihrer negativen Gegenkunst, so viel steht von Anfang an fest, wird eher eine Kunst im Plural als im Singular sein. Denn für das HABEN gibt es schon jetzt viele Ansichten. Wie viele? Mindestens dreiunddreißig. Daher hat dieses Buch dreiunddreißig Kapitel. Sie sind jedoch zumeist kurz. Denn auch das Leben ist kurz. Doch die Kunst bleibt lang.

ERSTER ABSCHNITT

Auf dem Philosophenweg

– 1 –

ALTGRIECHISCH HABEN – MIT ARISTOTELES UND SEINEN KRITIKERN

Der erste, den wir um Auskunft über das HABEN bitten wollen, soll der griechische Philosoph Aristoteles (4. Jh. v. Chr.) sein. Dieser Denker, der von der Nachwelt lange Zeit als der Philosoph schlechthin angesehen wurde («*philosophus*»), hat für viele Bereiche der philosophischen Reflexion die Grundlagen gelegt. So auch für das SEIN und das HABEN. Das ist hauptsächlich zu lesen in der sogenannten Kategorienschrift, einem relativ kurz gefassten Werk, in dem Aristoteles in locker geordneter Folge zehn ausgewählte Kategorien als Elementarbegriffe des Denkens behandelt. Diesen Kategorien sind nach seiner Lehre alle weiteren Begriffe als «Subkategorien» untergeordnet.[1]

Eine dieser zehn Kategorien, und zwar die achte in der aristotelischen Reihenfolge, ist das HABEN. Sie wird in der griechischen Sprache meistens verbal (*echein*), bisweilen auch nominal (*hexis*) ausgedrückt. Dem entsprechen in der lateinischen Überlieferung die Begriffe *habere* und *habitus*. Aus dieser Erhöhung in den Rang einer aristotelischen Kategorie ist dem HABEN ein begriffliches Prestige zugewachsen, wie es sonst bei einem gewöhnlichen Wort nicht leicht zu finden ist.

Die aristotelische Kategorienlehre verdient es, genauer angesehen zu werden. Sie ist ihrer Struktur nach ein Katalog, der zehn paarweise angeordnete Begriffe umfasst. Es sind die folgenden: SUBSTANZ – RELATION / QUANTITÄT – QUALITÄT / WO – WANN / LAGE – HABEN / WIRKEN – LEIDEN. Von diesen zehn Kategorien wird alles Nachdenken über die Welt vorgesteuert. Wie das zu verstehen ist, lässt sich zum Beispiel an der ersten Kategorie zeigen. Sie wird heute gewöhnlich Substanz genannt (nach lateinisch *substantia*). Doch heißt sie bei Aristoteles SEIN (verbal *on*, nominal *ousia*). Unter diesen Elementarbegriff fällt alles Seiende, insofern es kategorial in seinem SEIN betrachtet wird. Eben das ist nach aristotelischem Vorbild Gegenstand einer eigenen philosophischen Disziplin, der «Lehre vom Sein». Sie gilt seit der Antike als Kernthema der Metaphysik und wird seit Heidegger vorwiegend Ontologie genannt.

In ähnlicher Weise haben auch die anderen aristotelischen Kategorien zwei Jahrtausende lang das weitere Nachdenken der Philosophen intensiv angeregt, so dass sich für fast jede Kategorie eine eigene Denkschule gebildet hat. Für das hier zu besprechende HABEN sind jedoch nur relativ wenige Rezeptionserfolge dieser Art zu vermelden. Die Begriffsgeschichte der Kategorien lässt vielmehr erkennen, dass sich in der langen Aristoteles-Nachfolge zwischen der ersten Kategorie (SEIN) und der achten Kategorie (HABEN) eine beträchtliche Geltungsdifferenz aufgetan hat. Die *Ousia* ist eine Art Hochadel unter den Kategorien geworden, die *Hexis* gehört eher zum niederen Adel. Eine eigene «HABEN-Wissenschaft» hat sich jedenfalls aus Gründen, die noch zu erörtern sind, nicht oder nur in Ansätzen gebildet.

Wir wollen nun sehen, was Aristoteles selber zu seiner achten Kategorie geschrieben hat. Zunächst charakterisiert er das HABEN im vierten Kapitel kurz mit zwei Beispielen: «hat Schuhe an» und «hat eine Rüstung an». Warum diese einfachen Beispiele? Sie sind nicht trivial. In der Gesellschaft, in der Aristoteles gelebt hat, ist derjenige, der Schuhe anhat, ein HABENDER. Wer nichts hat, geht barfuß. Wer jedoch eine Rüstung hat oder anhat, gibt sich damit als WOHLHABEND zu erkennen. Er wird für eine lange Geschichtszeit als Reiter, Ritter oder Caballero ein Mann von Adel sein.

Im fünfzehnten Kapitel der genannten Schrift kommt Aristoteles ausführlicher auf die achte Kategorie zurück und beschreibt sie nun in Form eines mehrteiligen Katalogs, der ungefähr den Sprachgebrauch der altgriechischen Sprache ausschöpft:

«HABEN kann seiner Bedeutung nach ein Mehrfaches sein:
– ein Habitus oder eine Disposition oder sonst eine Qualität, da man ja sagt, dass jemand eine Fähigkeit oder Kompetenz HAT;
– eine quantitative Maßeinheit, zum Beispiel die Körpergröße, die jemand HAT, wenn man etwa sagt, dass jemand eine Größe von drei oder vier Ellen HAT;

– das, was den Körper umkleidet, zum Beispiel ein Mantel oder ein Gewand;
– das, was an einem Körperteil getragen wird, etwa ein Ring an der Hand;
– was selber ein Körperteil ist, zum Beispiel eine Hand oder ein Fuß;
– was etwas zum Inhalt HAT als dessen Behälter, wie zum Beispiel ein Scheffel Weizen oder ein Krug Wein, da man ja sagt, dass ein Scheffel soundsoviel Maß Weizen und ein Krug soundsoviel Maß Wein zum Inhalt HAT – man versteht hier also das Enthaltene als etwas, das umschlossen ist;
– ein Besitz, da man ja sagt, dass jemand ein Haus oder ein Feld HAT. Auch sagt man, dass jemand eine Frau HAT oder eine Frau einen Mann – aber diese Art HABEN ist eigentlich sehr wenig zutreffend – denn eine Frau zu HABEN heißt ja nichts anderes als mit ihr zusammenzuleben [griech. *synoikein*].

Nun mag es wohl sein, dass es noch andere Arten des HABENS gibt, aber die sprachüblichsten sind hier wohl aufgezählt.»

In seiner «Metaphysik» kommt Aristoteles noch einmal auf die Kategorie HABEN zu sprechen, wiederum in Form eines detailfreudigen Katalogs, in dem er das HABEN gleichfalls subkategorisiert. Das Erscheinungsbild dieser aristotelischen Kategorie wird dadurch zwar nicht mehr wesentlich verändert, doch trägt die Behandlung im Rahmen der Metaphysik (*prima philosophia*) erheblich dazu bei, dass auch der achten Kategorie die Beachtung der späteren Philosophen sicher ist.[2]

*

Was ist jedoch insgesamt von der Kategorienlehre des Philosophen Aristoteles zu halten, wenn diese sich offensichtlich in der schwach geordneten Auflistung ziemlich heterogener Begriffe und Beispiele erschöpft? Recht wenig ist davon zu halten, war die Meinung von Immanuel Kant, der sich in seiner «Kritik der reinen Vernunft» eingehend mit den aristotelischen Kategorien befasst hat.[3] Von ihm muss Aristoteles sich vorwerfen lassen, dass die zehn Kategorien, so wie er sie konzipiert hat, trotz ihrer eindrucksvollen Rezeptionserfolge über mehr als zwei Jahrtausende hinweg viele Wünsche offen gelassen haben. Als «Stammbegriffe des reinen Verstandes» scheinen sie ihm in dieser Form nicht tauglich zu sein. Im Einzelnen macht er der alten Kategorienlehre Folgendes zum Vorwurf: «[Sie ist] rhapsodistisch, aus einer auf gut Glück unternommenen Aufsuchung reiner Begriffe entstanden, von deren Vollzähligkeit man niemals gewiss sein kann, da sie nur durch Induktion geschlossen wird, ohne zu gedenken, dass man noch auf die letztere Art niemals einsieht, warum denn gerade diese und nicht andre Begriffe dem reinen Verstande beiwohnen.»

Sein abschließendes Urteil über den Katalog der zehn aristotelischen Kategorien lautet: «Es war ein eines scharfsinnigen Mannes würdiger Anschlag des Aristoteles, diese Grundbegriffe aufzusuchen. Da er aber kein Principium hatte, so raffte er sie auf, wie sie ihm aufstießen, und trieb deren zuerst zehn auf, die er Kategorien (Prädikamente) nannte. In der Folge glaubte er noch ihrer fünfe aufgefunden zu haben, die er unter dem Namen der Postprädikamente hinzufügte. Allein seine Tafel blieb noch immer mangelhaft.»

Immerhin belässt es der Königsberger Philosoph nicht bei dieser harschen Kritik, sondern er tut dem Athener schließlich doch die Ehre an, seinen problematischen Katalog seinerseits in ein vernünftig geordnetes System zu bringen. Und so finden wir bei Kant eine neu konzipierte und nach seiner Überzeugung rational verbesserte Kategorientafel. Diese weist sich vor der Vernunftkritik insbesondere dadurch aus, dass ihre nunmehr zwölf Kategorien hierarchisch zur Ordnung gerufen sind. Sie sind nämlich nach Ober- und Unterkategorien gegliedert, wobei den vier Ober-Kategorien Quantität, Qualität, Relation und Modalität jeweils drei Unter-Kategorien zugeordnet sind. Wen wundert es da noch, dass bei dieser radikal-rationalen Umformung die für ihn anstößige Kategorie HABEN ganz auf der Strecke geblieben und ersatzlos gestrichen worden ist!

Mit einer solchen Systematisierung ist jedoch nicht nur dieser Kategorie, sondern darüber hinaus der höchst leistungsfähigen Denkform «Katalog» – man denke an den biblischen Dekalog der Gebote Gottes oder an den Katalog der verfassungsmäßig garantierten Menschenrechte – ein historisches Unrecht geschehen, wie Umberto Eco jüngst in einer Monographie über die Kunstform Katalog oder «Liste» im Einzelnen nachgewiesen hat.[4] Jedenfalls sollte Kants Kritik an den aristotelischen Kategorien im Allgemeinen und an der achten Kategorie im Besonderen kein Grund dafür sein, auf eine theoretische und praktische Nachfrage nach der Kategorie HABEN zu verzichten.

*

Ein weiterer großer Kommentator der aristotelischen Kategorienlehre war, wenn auch mit mehr Respekt für deren Schöpfer, der Philosoph Friedrich Adolf Trendelenburg (1802–1872). Schon in seiner noch lateinisch vorgetragenen Berliner Antrittsvorlesung *«De Aristotelis categoriis»* (1833) hat er auf die erstaunlichen Parallelen zwischen den Lehren des griechischen Philosophen und dem zeitgleich gebrauchten Begriffsinstrumentarium der altgriechischen Grammatiker aufmerksam gemacht. Diese Überlegungen hat Trendelenburg sodann in seiner nunmehr deutsch abgefassten «Geschichte der Kategorienlehre» (1846) weitergeführt und auf den Punkt gebracht, dass die aristotelischen Kategorien keine reinen Geistesbegriffe sind, sondern die syntaktischen Grundbegriffe der griechischen Grammatik seines Zeitalters widerspiegeln.[5] So entspricht der ersten Kategorie der Substanz (oder des SEINS) das Substantiv. In den Kategorien des Handelns und Leidens, die im aristotelischen Katalog den neunten und zehnten Platz einnehmen, erkennt Trendelenburg – für Linguisten besonders leicht einsehbar – das grammatische Verbalgenus mit Aktiv und Passiv wieder. Und für die achte Kategorie schließlich, das HABEN, findet er die grammatische Entsprechung in der griechischen Tempusform Perfekt, insofern sie das Resultat einer Handlung ausdrückt (vgl. Kap. 8).

Werden mit einer solchen historischen Kritik nun die aristotelischen Kategorien in ihrer logischen und metaphysischen Relevanz entwertet? Das ist nicht die Meinung dieses Kritikers. Er bleibt vielmehr davon überzeugt, dass die Kategorien, so wie Aristoteles sie formuliert hat, durch den Nachweis ihrer sprachlichen Herkunft nichts von ihrem gedanklichen Rang eingebüßt haben, da der griechische «Logos» generell Sprachliches mit Gedanklichem widerspruchslos zusammengeführt hat.

– 2 –

ANTHROPOLOGIE DES HABENS – MIT HERDER, SCHELER, PLESSNER

Im September des Jahres 1770 kam es in einem Gasthof der Stadt Straßburg zu der schicksalhaften Begegnung zwischen dem 26-jährigen Theologen Johann Gottfried Herder und dem 21-jährigen Jura-Studenten Johann Wolfgang Goethe. Daraus entstand schnell eine Freundschaft, die beide schließlich nach Weimar führen sollte. Kurz zuvor hatte Herder von Straßburg aus – das war ein Fanfarenstoß – seine «Abhandlung über den Ursprung der Sprache» veröffentlicht, mit der er eine entsprechende Preisfrage der Berliner Akademie der Wissenschaften glanzvoll beantwortet hat.[1]

Aus heutiger Sicht ist Herders Abhandlung vor allem das Gründungsdokument einer für den deutschen Kulturraum neuen Disziplin des Denkens, der philosophischen Anthropologie, die sich mit Entschiedenheit von den Prämissen des cartesianischen Rationalismus abkehrt. Nicht mehr, was der Mensch IST, soll nunmehr gefragt werden, sondern nach welchen Naturgesetzen er das GEWORDEN IST, was er IST. Und er ist Mensch geworden durch das, was er als einziges Lebewesen der Schöpfung aus sich heraus geschaffen HAT: die Sprache.

Dass die Sprache in diesem Zusammenhang einen so hohen Rang einnehmen kann, ist altes philosophisches Gedankengut. Im Begriff des Logos sind bei den Griechen Vernunft und Sprache fest verbunden. Das ist der anthropologische Kontext, in dem auch die Kategorie HABEN einen festen Status erhält. Sie dient nun dazu, prägnant zum Ausdruck zu bringen, was den Menschen von allen anderen Lebewesen unterscheidet.

Um diese Zeit war Charles Darwin noch nicht geboren. Wir dürfen daher von Herder noch keine Evolutionstheorie erwarten, in der aus kleinen und kleinsten Mutationen und deren Korrekturen in den sehr langen Zeiten der Erdgeschichte neue Arten entstehen. Was Herder in seiner Schrift über das Werden der Sprache und folglich auch über die Menschwerdung des Menschen darlegt, ist hingegen ein großes Panorama der Schöpfung, in dem sich jedes Lebewesen – Pflanze, Tier, Mensch – durch kategoriale Merkmale definiert, die es als Gattung oder Art entweder HAT oder NICHT HAT. Daraus ergibt sich eine vertikale Stufung, die im Prinzip von unten nach oben oder von oben nach unten betrachtet und auch beschritten werden kann. Allemal bedeutet Aufstieg zugleich Rangerhöhung, Abstieg bedeutet Rangminderung, sodass der theologische Appell dieser Wertungen dem Menschen nahe legt, sich in seinem Streben immer nach oben, zur Gottesnähe hin, zu orientieren. Auf keinen Fall soll er sich in seinem Verhalten den niederen Lebewesen, Tier oder Pflanze, angleichen. Dabei hilft ihm als das «Meisterstück des menschlichen Geistes» die Sprache, das heißt, die Vernunft, denn es gilt die Maxime: «Ohne Sprache HAT der Mensch keine Vernunft und ohne Vernunft keine Sprache.» Dieser Logos wird bei Herder auch «Besonnenheit» genannt und als diejenige Fähigkeit verstanden, die es dem Menschenwesen ermöglicht, alle seine körperlichen und geistigen Kräfte auf ein großes Ziel hin zu bündeln und sich auf diese Weise schließlich zur Krone der Schöpfung zu machen.

*

Um dieses sakkadische, das heißt stufenförmige Prinzip noch genauer zu verstehen, begeben wir uns für eine kurze Exkursion zurück in das Florenz der Hochrenaissance. Dort begeisterte der ebenso fromme wie genialische Philosoph Giovanni Pico della Mirandola (1463–1494) seine gelehrten Zuhörer mit einer seither berühmten Rede und Disputation über die «Würde des Menschen» (*De hominis dignitate*).[2] Das Privileg der Würde, das den Menschen auszeichnet, wird von dem Redner als die Gottesgabe definiert, die es ihm als einzigem Lebewesen der Schöpfung erlaubt, in der Welt diejenige Stellung einzunehmen, die zu HABEN (*habere*) er sich frei erwählt. Mit diesem Vorzug vermag der Mensch die ganze übrige Schöpfung «hinter sich zu lassen» (*posthabere*) und im Gotteslob nur noch mit Cherubim und Seraphim zu wetteifern. Wie kann das geschehen? Dazu dient dem Menschen, wie Pico in seiner frommen Philosophie lehrt, die biblische Jakobsleiter (nach Genesis 28, 10–15), deren Sprossen mit Gottes Hilfe hinauf und hinab bestiegen werden können. Wenn hinauf, dann «mit geflügelten Schritten» (*alatis pedibus*) in überirdische Höhen, wo der Mensch als «himmlisches Lebewesen» (*caeleste animal*) seinen würdigen Platz einnehmen kann. Das ist die einzigartige Freiheit, die nur der geistbegabte Mensch HAT und BESITZT (*habet et possidet*).

*

Aus den Aufschwüngen der platonisch-florentinischen Philosophie wieder hin zu den bescheideneren Dimensionen der Straßburger Anthropologie, zu Herder also. Aus seiner mittleren Höhe schaut er als Anthropologe zunächst hinunter zu den Lebewesen der niederen Schöpfung. Er hat keine Zweifel, dass deren Wesensmerkmale in erster Linie negativ zu bilanzieren sind, also durch das, was Pflanzen und Tiere im Unterschied zu den Menschen NICHT HABEN, was ihnen also FEHLT oder was bei ihnen WEGFÄLLT.

Diese naturgesetzliche Mängelbilanz wird in Herders Text gelegentlich auch nominal zum Ausdruck gebracht, vorzugsweise durch solche Substantive wie «Kreis» oder «Sphäre», die grundsätzlich eng und einförmig vorzustellen sind. Sie nehmen den bei Herder noch nicht verfügbaren Begriff der Umwelt (Jacob von Uexküll) vorweg. Das ist also gemeint, wenn Herder einmal schreibt: «Jedes Tier HAT seinen Kreis», was allerdings auch positiv verstanden werden kann, da das Tier sich mit Hilfe seiner Triebe und Instinkte in diesem mehr oder weniger beengten Rahmen durchaus adäquat (heute würden wir sagen: artgerecht) bewegen kann. Für eine Sprache im vollen Sinne des Wortes gibt es jedoch unter diesen Bedingungen bei den Tieren keinen Bedarf. Es gilt sogar das Naturgesetz: «Je kleiner die Sphäre der Tiere ist, desto weniger HABEN sie Sprache NÖTIG».

In gewisser Weise, meint Herder weiterhin, sind die Tiere sogar um die Vorzüge ihrer «Eingeschlossenheit» zu beneiden. Denn in seiner Sphäre ist der Löwe König, und den Vogel Strauss kann kein Mensch im Lauf einholen. Verglichen also mit den Leistungen, die jedem Tier in seiner jeweiligen Sphäre abverlangt werden, erscheint ihm der Mensch als ein Lebewesen, an dessen Organausstattung die «Mängel und Bedürfnisse» nicht zu übersehen sind, zumal am Anfang seines individuellen Lebens, wenn das neugeborene Kind schwach und hilflos in die Welt «geworfen» ist. Anders also als beim Vogel Strauss, «der seine Eier in die Wüste legt», bedarf jedes menschliche Junge für lange Zeit menschlicher Hilfe und «geselliger Erbarmung».

In aufsteigender Betrachtung sind jedoch alle diese natürlichen Defizite, unter denen das Menschenkind als Naturwesen zu leiden hat, ebenso viele Anreize, gerade diejenigen Geisteskräfte mächtig auszubilden, mit deren Hilfe er ein »Lehrling der ganzen Welt» werden und «Sinne für alles» entwickeln kann. Dazu gehört wesentlich, nächst der «Bildung», auch die beständige «Fortbildung» der Sprache, die ihm am meisten dabei behilflich sein kann, sich für «eine Welt von Geschäften und Bestimmungen» aufs beste auszurüsten.

In diesem Zusammenhang schlägt Herder zwischen dem NICHT-HABEN und dem HABEN eine konditionale Gedankenbrücke, deren Konstruktion wir heute kompensatorisch nennen würden. Er ist nämlich überzeugt, dass nach den Naturgesetzen der Schöpfung im Verlust oft schon der Keim des Gewinns zu erkennen ist. Es kann demnach gar nicht anders sein, «als dass, wenn der Mensch Triebe der Tiere HÄTTE, er das NICHT HABEN KÖNNTE, was wir jetzt Vernunft in ihm nennen». In der Kategorie des SEINS statt des HABENS ausgedrückt, muss es sich folglich so verhalten, dass der Mensch, «wenn er kein instinktmäßiges Tier SEIN sollte, er vermöge der freier wirkenden positiven Kraft seiner Seele ein besonnenes Geschöpf SEIN MUSSTE».

Die Kompensatorik von konditionalen Schlussfolgerungen dieser Art hat ihre Wirkung auf Herders Lesepublikum nicht verfehlt und ist auf lange Zeit ein argumentatives Grundmuster der gerade im deutschen Sprachraum besonders geschätzten philosophischen Anthropologie geblieben. Sie hat jedoch andererseits auch erheblich dazu beigetragen, der Darwinschen Evolutionstheorie den Weg nach Deutschland zu erschweren und zu verlangsamen.

*

Ein zweiter Grundpfeiler der philosophischen Anthropologie ist lange nach Herder am Anfang des 20. Jahrhunderts von dem Philosophen Max Scheler aufgerichtet worden. Es handelt sich abermals um eine kleine Abhandlung unter dem weit gespannten Titel «Die Stellung des Menschen im Kosmos» (1928). In diesem Text bildet der Husserl-Schüler Max Scheler, nun mit Unterstützung durch die Phänomenologie, den Herderschen Ansatz weiter, demzufolge der Mensch vor allem durch das Privileg der Wesensmerkmale, die nur er HAT, die «Sonderstellung» erkennen lässt, die ihn als einziges Geschöpf im Kosmos auszeichnet.[3]

In dieser viel gelesenen Programm- und Streitschrift (bei Scheler geht es immer auch gegen Kant) verschafft der Autor seiner anthropologischen Doktrin einen weiten Resonanzkörper, den er auch immer mitschwingen lässt, wenn er mit scharfen Kanten die Stufungen zwischen der anorganischen, der vegetativen, der animalischen und der menschlichen Schöpfung markiert. Mit Herder befindet er sich dabei auch insofern im Einklang, als er die vertikalen Sakkaden seines Panoramabildes vorzugsweise an HABEN-Sätzen festmacht, die jedoch fallweise für die niedrigeren Stufen als NICHT-HABEN verbucht werden.

So stellt Scheler zum Beispiel für die anorganischen Gebilde fest, dass sie KEIN Zentrum HABEN. Weiter aufsteigend in seiner Betrachtung, beobachtet er an den Pflanzen, dass ihnen jedes Bewusstsein FEHLT, so dass sie auch NICHT das Merkmal der «Lebenswachheit» BESITZEN. Auf der nächst höheren Stufe erkennt Scheler für das Tier zwar an, dass es «schon» eine Einheitsstruktur seines Nervensystems HAT und sich damit der ihm von der Natur zugemessenen «Umwelt» (wie Scheler jetzt mit Uexküll sagt statt Sphäre oder Kreis) artgerecht einpassen kann. In diesem eng umgrenzten Rahmen können die höheren Tiere sogar (er denkt hier an Köhlers berühmte Beobachtungen zum Werkzeuggebrauch der Schimpansen), außer ihren Instinkten und Gewohnheiten, auch «schon» eine gewisse funktionale Intelligenz BESITZEN. Aber im Tableau der Naturgeschichte bleibt es doch eine vorwiegend negative Bilanz, die das ganze Weltgebilde unterhalb der menschlichen Seinsebene kennzeichnet.

Nun kann man sich fast schon ausdenken, wie es auf der steilen Treppe der Schöpfung weiter oben aussieht. Auf der obersten Stufe ist endlich die HABEN-Seite der Bilanz erreicht. Alles nämlich, was die niederen Hervorbringungen der Schöpfung NICHT HABEN, das HAT der Mensch, und zwar in Glanz und Gloria. Er ist das einzige Wesen, das nicht «Umwelt», sondern «Welt» HAT. Mit seiner «Weltoffenheit» steht er folglich «hoch über» der sonstigen Schöpfung. Denn er ist das einzige Wesen, «das Geist HAT». In diesem Wesensmerkmal sind alle sonstigen Aspekte der Menschennatur fundiert. Weit hinter sich gelassen hat damit der Mensch als Geistträger alle anderen Geschöpfe, an deren Wesen ihn eigentlich nur zu interessieren braucht, was sie NICHT HABEN, nicht das, was sie HABEN.

*

Zeitgleich mit Max Schelers knapp gefasster Schrift, im Jahre 1928 also, ist noch ein weiteres Hauptwerk der philosophischen Anthropologie erschienen: Helmuth Plessners umfangreiche Abhandlung «Die Stufen des Organischen und der Mensch».[4] In strenger Systematik fragt der Autor in diesem Werk nach den Wesensmerkmalen der organischen Formen: Pflanze, Tier, Mensch. In diesem Zusammenhang beschreibt er auch ausführlich die Lebensfunktionen des Körpers, denen er im lebendigen Ganzen der organischen Welt die wichtige Brückenfunktion zwischen Subjekt und Objekt des HABENS zuschreibt: «Lebendige Dinge [...] HABEN wirkliche Eigenschaften, weil ihr SEIN so geartet ist, dass es etwas HABEN kann.» Doch gilt das anthropologische Interesse des Autors im Grunde weniger den Modalitäten des körperlichen HABENS, das er gelegentlich vereinfachend mit dem Besitzen gleichsetzt, und auch nicht eigentlich dem Objekt als seiner «Wirkeinheit», sondern in erster Linie dem Subjekt des HABENS, das er mit Vorliebe das Selbst nennt und als Kern oder Mitte des lebendigen Systems verstehen will. Durch diesen Subjektivismus lässt sich der Autor leicht vom HABEN ablenken. Zwar kann Helmuth Plessner noch formal gleichrangig eine «Welt des HABENS» einer «Welt des Seins» gegenüberstellen, doch ist gleichwohl in seiner Theorie des «gehabten Seins» nur schwer eine neue Ontologie erkennbar, die mit Heideggers «Sein und Zeit» (1927) hätte konkurrieren können.

So erfuhr der Gedankenflug der philosophischen Anthropologie in den Jahren 1927/28 einerseits noch einmal einen kräftigen Auftrieb (Scheler), andererseits aber wurde diese Lehre am Boden gehalten von einem wenig flugtauglichen Systemdenken (Plessner), so dass die Heidegger-Anhänger ein relativ leichtes Spiel hatten, die philosophische Anthropologie *en bloc* für überholt zu erklären. Was jedoch Scheler betrifft, der noch in eben diesem Jahr 1928 verstarb, so hat Heidegger von ihm in einem Nachruf lobend geschrieben, er sei «die stärkste philosophische Kraft in der gegenwärtigen Philosophie» gewesen. Immerhin sind manche Grundgedanken der philosophischen Anthropologie auch bei Heidegger und schon während der Arbeit an «Sein und Zeit» aufmerksam vermerkt worden und haben ihm bei seiner Erneuerung der Ontologie manches menschenkundliche Stichwort zugetragen.

– 3 –

SCHOPENHAUER: WAS EINER IST, WAS EINER HAT, WAS EINER VORSTELLT

Der Philosophenweg, der von Herder über die lange Zeitstrecke von mehr als anderthalb Jahrhunderten zu Max Scheler führt, weist fast genau in der Mitte eine Abzweigung auf, die uns zu Arthur Schopenhauer geleitet. Dieser große Sonderling unter den Philosophen der nachkantischen Philosophie war um die Mitte des 19. Jahrhunderts als Verfasser seines umfangreichen Jugend- und Hauptwerks «Die Welt als Wille und Vorstellung» (1818) bereits seit langem bekannt und schon halb vergessen, als er im Jahre 1851, fast aus dem Nichts, ein vergleichsweise kleines und scheinbar unbeachtliches Werk auf den Markt brachte, das aus seinem Verfasser zu seiner eigenen Überraschung auf der Stelle einen erfolgreichen Autor machte. Am Titel kann es nicht gelegen haben; abschreckender als mit dem halbgriechischen Wortpaar «Parerga und Paralipomena», das man annähernd als «Beiwerk und Abgelegtes» wiedergeben kann, lässt sich ein Buch kaum einführen. Doch sein Lesepublikum hat dem Buch oder genauer gesagt einem Teilstück von ihm, unter dem nun doch zum Lesen einladenden Titel «Aphorismen zur Lebensweisheit» einen überraschenden Erfolg beschert, der schließlich auch das Hauptwerk des Autors in die Berühmtheit nachgezogen hat.[1]

Schopenhauers «Aphorismen zur Lebensweisheit» können in gewisser Weise der Anthropologie zugerechnet werden. Doch ist es nicht die spekulative Anthropologie im Stile von Herder. Diese kommt bei Schopenhauer zwar auch zu Worte, jedoch nur versteckt in einer ausführlichen Fußnote, wie sie eigentlich nicht zur Literaturgattung der Aphorismen passt. So ist nur eine Art Sackgasse daraus geworden. Doch gibt es in der europäischen Literaturgeschichte noch eine andere anthropologische Gattung, die für Schopenhauer eher maßgeblich geworden ist. Sie verdankt ihre Bekanntheit zu gleichen Teilen ihrem

Erfinder, dem Aristoteles-Schüler Theophrast, und ihrem Neuerfinder, dem französischen Schriftsteller La Bruyère im 17. Jahrhundert. Gemeint sind die von beiden Autoren so genannten «Charaktere», die zu verstehen sind als eine lebens- und weltkundige Vorstellung verschiedener Menschentypen, wie zum Beispiel des Melancholikers oder des Ironikers. Diese werden von den genannten Musterautoren jeweils katalogförmig aufgelistet und in einem witzig-aphoristischen Stil beschrieben.

Nach diesem Muster können auch Schopenhauers «Aphorismen zur Lebensweisheit» als witzig und scharfzüngig vorgestellte Sammlung von menschlich-allzumenschlichen Charakteren angesehen werden. Bei ihm sind sie allerdings – das ist ein Tribut, den Schopenhauer seiner anfänglichen Neigung zur systematischen Philosophie zollt – in drei parallel konzipierten Gruppen angeordnet. Sie sind daher auch am besten durch die parallel formulierten Untertitel seiner drei Rubriken vorzustellen: I/ «Was einer ist» – II/ «Was einer hat» – III/ «Was einer vorstellt». Diese Aphorismen sind, ihrer Gattung entsprechend, in einer bewundernswert klaren und eleganten Sprache geschrieben, mit der Schopenhauer für den deutschen Sprachraum, zusammen mit Lichtenberg (vor ihm) und Nietzsche (nach ihm), einer der drei ersten Klassiker der philosophischen Prosa geworden ist.

*

In der ersten Rubrik seiner Aphorismen («Was einer IST») erweckt Schopenhauer allerdings bei seinen Lesern den Eindruck, dass er nichts anderes im Sinn hat, als die aristotelische Bevorzugung des SEINS vor allen anderen Kategorien zu bekräftigen. Er schreibt: «Für unser Lebensglück ist demnach das, was wir SIND, die Persönlichkeit, durchaus das Erste und Wesentlichste.» Neben so viel SEIN ist bei Schopenhauer, wie es scheint, kaum noch Platz für das HABEN, da doch ganz gewiss «was man IST, viel mehr zu unserm Glück beiträgt, als was man HAT».

So ist auch die zweite Rubrik seiner Aphorismen mit dem Untertitel «Was einer HAT» der kürzeste und dürftigste Teil seines Buches. Geld HABEN, Besitz HABEN, Reichtümer HABEN, das alles gehört für Schopenhauer nicht zu dem, was einer wirklich NÖTIG HAT. Das haben auch schon die Alten so gut oder sogar besser gewusst als die Modernen. So kann sich Schopenhauer damit begnügen, zum Beleg einen Horaz-Vers zu zitieren, in dem der römische Dichter nach der Aufzählung vieler überflüssiger Besitzgüter diejenigen Menschen preist, die auf dergleichen ganz zu verzichten wissen: «*Sunt qui non* HABEANT, *est qui non curat* HABERE.»[2] [Manche HABEN nicht, manch einer will gar nicht HABEN.]

Doch ganz kompromisslos spricht sich Schopenhauer in seinen Aphorismen doch nicht gegen das materielle HABEN aus. Zum Beispiel das Geld. Da bleibt seine Absage weit hinter Horaz zurück, wenn er schreibt: «Dass die Wünsche der Menschen hauptsächlich auf Geld gerichtet sind und sie dieses über alles lieben, wird ihnen oft zum Vorwurf gemacht. Jedoch ist es natürlich, wohl gar unvermeidlich, das zu lieben, was, als ein unermüdlicher Proteus, jeden Augenblick bereit ist, sich in den jedesmaligen Gegenstand unserer so wandelbaren Wünsche und mannigfaltigen Bedürfnisse zu verwandeln.» Von Askese und Verzicht auf das, was man alles HABEN kann oder könnte, ist bei Schopenhauer in diesem Zusammenhang nicht ernsthaft die Rede.

Sehr viel entschiedener bezieht Schopenhauer Position in der dritten Rubrik seiner Aphorismen zum Thema «Was einer vorstellt». Gemeint ist hier all das, was ein Mensch nicht seiner «eigenen Beschaffenheit» nach, sondern nur in der immer trügerischen Vorstellung anderer Menschen IST oder HAT. Konkret geht es neben Rang und Ruhm hauptsächlich um die Ehre, die ein Mensch je nach seinem Stand HABEN kann oder muss: ritterliche Ehre, bürgerliche Ehre, Sexualehre, Amtsehre und schließlich Nationalehre. In diesem ziemlich umfangreichen Abschnitt seiner Aphorismen erhebt sich Schopenhauers moralistische Prosa zur Freude seiner Leser zu ungeahnten Höhen satirischer und sarkastischer Sprachkunst. Insbesondere seine wunderbar bissige Abrechnung mit dem «Aberglauben» der ritterlichen Ehre sowie seine unbestechliche Entlarvung der verborgenen Machtstrukturen, die der weiblichen und männlichen Sexualehre zugrunde liegen, sind Meisterstücke der moralistischen Eristik oder Streitkunst (für die Schopenhauer ebenfalls eine kleine und sehr lesenswerte Handreichung verfasst hat). Als Beispiel seiner Kunst soll hier nur einer seiner Aphorismen zitiert werden, mit dem er dem Popanz der nationalen Ehre die Luft abschnürt: «Jede Nation spottet über die andere, und alle HABEN RECHT.»[3]

Nach diesem kurzen Blick auf die zweite und dritte Rubrik der Aphorismen müssen wir doch noch einmal zur ersten Rubrik zurückkehren, um zu entdecken, wie eng doch das, «was einer IST», mit dem, «was einer HAT», verbunden ist. Da spricht sich Schopenhauer mit deutlichen Worten mehrfach dafür aus, dass SEIN und HABEN für den inneren Haushalt einer heiter gestimmten Persönlichkeit gut abgestimmt zusammenwirken müssen:

- Immer kommt es darauf an, was einer SEI und demnach an sich selber HABE.
- Was einer in sich IST und an sich selber HAT, kurz die Persönlichkeit und deren Wert, IST das alleinige Unmittelbare zu seinem Glück und Wohlsein.
- Denn je mehr einer an sich selber HAT, desto weniger bedarf er von außen und desto weniger auch können die Übrigen ihm SEIN.
- Demnach IST eine vorzügliche, eine reiche Individualität und besonders sehr viel Geist zu HABEN, ohne Zweifel das glücklichste Los auf Erden.

Die Beharrlichkeit, mit der Schopenhauer diesen engen Zusammenhang von SELBER-SEIN und AN-SICH-SELBER-HABEN in seinen Aphorismen zur Sprache bringt, legt die Auffassung nahe, dass er sich mit jenem Typus, dessen SEIN die Natur in intellektueller Hinsicht so «reich ausgestattet HAT», in erster Linie selber angesprochen hat. Er hat es aber sicher nicht getan, um mit seinen individuellen Geistesgaben zu prahlen, sondern um als unbestechlicher Menschenbeobachter, nicht anders als es Montaigne beispielhaft in Frankreich getan hat, das SEIN und das HABEN derjenigen Person zu beschreiben, die er am besten von allen Menschen kennt: sich selber. Und so kann er auch an sich selber am besten vor aller Öffentlichkeit «testen», ob seine eigene Lebensführung den folgenden anthropologischen Lehrsatz bestätigt, dass nämlich «der mit überwiegenden Geisteskräften ausgestattete Mensch ein gedankenreiches, durchweg belebtes und bedeutsames DASEIN» zu leben in der Lage ist.

Gerade in dieser Hinsicht flößt ihm jedoch das eigene Dasein einigen Zweifel ein. Denn mit dem «Eigenglück» steht es bei dem notorischen Pessimisten Arthur Schopenhauer nicht zum Besten. Zwar bleibt er in seiner eigenen Lebensführung von der standesgemäßen Langeweile verschont, unter der zu seiner Zeit so viele Menschen seines Ranges leiden. Da ist ihm zweifellos eine Wohltat der Philosophie zuteil geworden, durch die er zum ständigen Lernen und Weiterlernen motiviert worden ist. Aber es gab da bei ihm noch die bedrückende Einsamkeit, unter der er als Single oder «Hagestolz», wie man damals sagte, viel mehr litt, als er sich selber und seinen Lesern zugeben wollte. Sie machte ihm in seinem täglichen Leben arg zu schaffen. Hätte ihn denn da nicht der lebenskundliche Ratgeber, der er selber in seinen Aphorismen war, auf den Gedanken bringen können, eine Frau zu HABEN, Kinder zu HABEN, viele Freunde zu HABEN? Solche Gedanken sind ihm auch wohl hin und wieder gekommen, doch sind sie immer schnell an seinem misanthropischen Geist vorbeigezogen. So bezeugt es auch in seinen Aphorismen zur Lebensweisheit der letzte Absatz in der Rubrik «Was einer HAT». Der Textabschnitt lautet: «Zu dem, was einer HAT, habe ich Frau und Kinder nicht gerechnet; da er von diesen vielmehr GEHABT WIRD.» Da hat doch tatsächlich der Sprachkünstler Schopenhauer eine Sprachform, die es nach den Normen der deutschen Grammatik gar nicht geben dürfte, nämlich das Passiv des Verbs HABEN, herbeizitiert, um einen absonderlichen Sachverhalt auszudrücken, den es nach den Normen der Lebenskunst nicht geben dürfte, aber in seiner eigenen Lebensführung offenbar doch gegeben hat.

Hinzu kam die vertrackte Sache mit dem Geld – ein heikles Thema für diesen Moralisten. Arthur Schopenhauer war von Hause aus ein wohlhabender Mann. Anders allerdings als beim Landadel bestand sein Reichtum nicht in solidem Grundbesitz, sondern in marktabhängigen Wertpapieren, die bei dem Danziger Handelshaus A. L Muhl angelegt waren. Um ein Haar wäre ihm da sein Vermögen bei einer Wirtschaftskrise verloren gegangen. Aber als bürgerlich lebender Mensch und Lehrer der Lebens- und Weltweisheit hatte der Philosoph Arthur Schopenhauer dringend dieses Vermögen nötig, um in Ruhe und Muße nachdenken und seine Lehre in literarische Form bringen zu können. Er brauchte also, um es mit seinen Worten aphoristisch zugespitzt auszudrücken, den «äußeren Reichtum», um seinen «inneren Reichtum» ausschöpfen zu können.

Doch wie war diese irgendwie peinliche Paradoxie zu rechtfertigen? Zum Glück für seine eigene Lebensführung hat sich nach langer Zeit des Wartens bei dem pessimistischen Philosophen noch rechtzeitig genug der mühsam verdiente Publikumserfolg eingestellt, zuerst für sein Beiwerk, dann auch für sein Hauptwerk. Der Erfolg bezeugte nunmehr vor aller Augen, dass hier ein Mensch zwar vom Glück so weit begünstigt war, dass er «seinem Genius leben» konnte, doch war diese Privilegierung reichlich gerechtfertigt durch das Werk, das er der Öffentlichkeit vorlegen konnte: «Der Menschheit wird er seine Schuld dadurch hundertfach abtragen, dass er leistet, was kein anderer konnte, und etwas hervorbringt, das ihrer Gesamtheit zugute kommt, wohl auch gar ihr zu Ehre gereicht.»

– 4 –

DAS HAUS DES SEINS UND DER HOF DES HABENS – MIT UND OHNE HEIDEGGER

Zu Beginn dieses Kapitels schauen wir noch einmal kurz auf die aristotelische Kategorientafel zurück, auf der wir das SEIN an erster und das HABEN an achter Stelle gefunden hatten. Dabei konnte uns nicht entgehen, dass die philosophische Nachwelt in dieser Platzierung ein verborgenes *ranking* entziffert hat, das sich in der ganzen Rezeptionsgeschichte nicht gerade zugunsten des HABENS ausgewirkt hat. Als «ontologische Priorität» wird der Vorrang des SEINS gegenüber allen anderen Kategorien, also auch gegenüber dem HABEN, noch einmal ausdrücklich von Martin Heidegger festgeschrieben. Das ist die *raison d'être* seines Hauptwerks «Sein und Zeit» (1927). An die Kategorie HABEN verschwendet er in diesem Buch kaum ein Wort.[1]

Einer solchen Auffassung kann in diesem Buch nicht zugestimmt werden, bei weitem nicht. Die Priorität des SEINS in allen Ehren, sie jedoch in eine absolute Exklusivität umzudeuten, widerspricht jedem kategorialen Denken. Wohl wahr ist, dass jemand nur dann etwas HABEN kann, wenn er zuerst etwas IST. Er muss ja zumindest geboren und noch nicht gestorben SEIN. Aber ob dann im Verlauf seines Lebens dieser Jemand auch noch immer etwas SEIN kann, ohne etwas zu HABEN, das ist sehr die Frage.

Sollen wir nun, parallel zur Wissenschaft vom SEIN als «Ontologie» (nach griech. *on, ontos*), auf einer Wissenschaft vom HABEN bestehen? Aber wie sollte diese parallele Disziplin beschaffen sein? Und wie sollte sie überhaupt heißen? Etwa «Echologie» (nach griech. *echein*)? Oder gar «Hexologie» (nach griech. *hexis*)? Nichts dergleichen kommt hier in Frage. Hingegen möchte ich mit Nachdruck dafür werben, dass uns nichts daran hindern sollte, die Ontologie als Lehre vom SEIN, quer zu ihrer wörtlichen Etymologie, auch auf die Lehre vom HABEN auszuweiten. Grundsätzlich gleichrangig stehen demnach eine

Ontologie des SEINS und eine Ontologie des HABENS nebeneinander. Nur so kann die theoretische Parallelität zwischen den beiden Sparten der Ontologie mit methodologischer Sorgfalt weiterentwickelt werden.

*

Die hier als Projekt skizzierte, das SEIN und das HABEN in einer integralen Theorie zusammenfassende Ontologie hat weiterhin ihren Ort auf dem schon von der alteuropäischen Metaphysik planierten und letztlich von Martin Heidegger neu vermessenen Terrain der Lehre vom SEIN. In einer späteren Schrift findet man dieses SEIN bei ihm als «Haus des SEINS» metaphorisiert.[2] Im Maße wie dieses Bild dazu dienen kann, der Darstellung zu mehr Anschaulichkeit zu verhelfen, kann es in der folgenden Beschreibung beibehalten werden, mit der gewichtigen Einschränkung allerdings, dass im Kontext von «Sein und Zeit» das Haus des SEINS eher als Ort des Unbehaustseins zu verstehen ist. So oder so verstanden, kann dieser Behausung jedenfalls mit angeglichener Metaphorik ein «Hof des HABENS» beigegeben werden, auf dessen weiter bemessenem Terrain das «Haus des SEINS» gelegen ist.

Die Kartographie dieser integralen Ontologie, die auch den Hof des HABENS einschließt, soll weiterhin ausdrücklich von Martin Heidegger übernommen werden. Dadurch jedoch, dass Heidegger in «Sein und Zeit» als erster Metaphysiker das Sein und die Zeit in einer genialen Konzeption zusammengeführt hat, sind auch für einen Anschluss der HABEN-Kategorie an die Kategorie des SEINS angemessenere Bedingungen gegeben, plausiblere jedenfalls, als sie in früheren Zeiten von einer rein logischen Analyse zu erwarten waren.

Die Zeit, die von Heidegger in ein enges ontologisches Einvernehmen mit dem SEIN gebracht wird, ist bekanntlich nicht identisch mit der aus dem Alltag geläufigen Zeit der Uhren, Kalender und Chroniken. Die für Heideggers Lehre vom SEIN relevante Zeit ist vielmehr die Zeitlichkeit, verstanden als Endlichkeit der menschlichen Existenz («Sein zum Ende», «Sein zum Tode»).

Für dieses SEIN, das in jeder Hinsicht den Gesetzen der Zeitlichkeit unterworfen ist, führt Heidegger in seiner Darstellung den Begriff DA-SEIN ein (auch zusammengeschrieben: DASEIN). Mit dem Element «da» (das ist nach der Grammatik ein «deiktisches», das heißt, zeigend hinweisendes Adverb) wird hier die abstrakte Ontologie des SEINS zu ihrem nicht geringen Vorteil verweltlicht und geerdet. So kann der Autor in seine Lehre vom SEIN viele neue Elemente einfließen lassen, die ihrer historischen Herkunft nach eher in die Anthropologie und Moralistik (Herder, Scheler, Schopenhauer) gehören. Denn in deren Lehren ist immer schon von manchen Kanzeln und Lehrstühlen herab die *conditio humana* als *conditio temporalis* erläutert und verkündet worden.

Mit dem vorwiegend skeptischen Weltwissen der genannten philosophischen Disziplinen ausgestattet, räumt Heidegger ohne Zögern ein, dass keineswegs alle Menschen bereit und willens sind, die Zeitlichkeit als «Sinn des Daseins» anzunehmen. Denn jedes Ich ist in seiner gesellschaftlichen Existenz immer auch ein Jedermann («man»), der sich nur allzu gerne in der trügerischen Sicherheit wiegt, es werde auch in Zukunft alles ungefähr so bleiben, wie es gegenwärtig ist. Mit diesem Trost wird auch wohl das Ende der Lebenszeit, das für die Zukunft natürlich bevorsteht, «vorläufig noch nicht» eintreten. Denn «bis zum Ende HAT es immer noch Zeit».

Um nun den möglichen Beitrag des HABENS zur Zeitlichkeit des DASEINS näher zu beschreiben, wird die Frage sein müssen, welches in der Ontologie, wie sie von Heidegger für das DASEIN konzipiert worden ist, diejenigen Kontaktstellen sind, an denen die Lehre vom HABEN an die Lehre vom SEIN angedockt werden kann. Es sind deren drei: erstens die Lehre von dem dienlichen «Zeug» – zweitens das alltägliche «man» – drittens die bedeutungsschwere Zukunfts-Präposition «vor».

*

Als erste Kontaktstelle für eine Vernetzung von SEIN und HABEN, von DA-SEIN und DA-HABEN, kann die bekannte Unterscheidung dienen, die Heidegger zwischen denjenigen Sachen getroffen hat, die «vorhanden» sind, und denen, die «zuhanden» sind. Sein fast ausschließliches

Interesse gilt den letzteren, die von Heidegger auch «Zeug» genannt werden. Damit ist prototypisch jede Art Werkzeug angezeigt: eine Zange, eine Feile, ein Hammer. Doch muss nicht unbedingt immer ein professionelles Werkzeug gemeint sein; jede bewegliche Sache (*res mobilis*) kann in einer gegebenen Situation als Quasi-Werkzeug dienen und in dieser Funktion an einer anderen Sache oder sogar an einem lebenden Objekt eine nützliche oder unnützliche Veränderung bewirken.

Auch in seine Lehre vom «Zeug» lässt Heidegger viele Vorstellungen einfließen, die ursprünglich in der Anthropologie zu Hause sind. Denn in der Anthropologie wird der Mensch schon seit den Urzeiten der Evolution durch die Fähigkeit zum Werkzeuggebrauch definiert. Solche prähistorischen Spuren werden jedoch von Heidegger nicht aufgenommen und auch in ihren Konsequenzen nicht weiter bedacht. Es genügt ihm der phänomenologische Befund, dass irgendein Zeug und Werkzeug «zuhanden», also «da» ist und dass es dem Menschen in seinem DASEIN «dienlich» sein kann.

In diesen Gedanken des Autors von «Sein und Zeit» ist latent eine Lehre vom HABEN enthalten. Denn eine Zange, eine Feile, ein Hammer: solche und andere ähnliche Werkzeuge sind dem Menschen nur dann verfügbar und in diesem Sinne «zuhanden», wenn man sie DA HAT, wenn sie also gewissermaßen als technische Verlängerungen und Funktionserweiterungen seiner Organe mehr oder weniger fest «zu ihm gehören». Das ist ihre Zugehörigkeit (Pertinenz), von der in diesem Buch später noch ausführlicher die Rede sein wird (vgl. Kap. 7). So kann also gerade am «Zeug» der Nachweis geführt werden, dass zur Kategorie des SEINS, wenn es als DA-SEIN gelebt wird, auch das DA-HABEN gehört, mit dessen Hilfe die Zeitlichkeit, um es mit einem schönen altdeutschen Wort zu sagen, «handsam» gemacht werden kann.

*

Die zweite Kontaktstelle für eine Vernetzung des HABENS mit dem SEIN im Rahmen einer integralen Ontologie ist das bereits kurz besprochene Wörtchen «man». Die philosophische Statisten-Rolle, die Heidegger dem «man» einräumt, ist wenig befriedigend. Dieser bei ihm immer negativ konnotierte Kollektiv-Ausdruck überlagert und verdeckt in seinem Werk den durchgehend fehlenden Plural mitsamt dessen Differenzierungsangeboten. «Ich bin» auf der einen Seite und «man ist» auf der anderen Seite, das ist für das DA-SEIN eine blasse Alternative, bei der die Vielheit möglicher Subjekte und Objekte des HABENS außer Betracht bleibt, von deren Totalität ganz zu schweigen. Mit dieser Theorielücke können sich Linguisten, die von ihrer Profession her immer den Plural (der Sprachen, der Texte, der Formen ...) mitbedenken müssen, nicht abfinden. Auch in dieser Hinsicht kann das HABEN dem SEIN einen wertvollen Dienst leisten. Es ist ja immer pluralfreundlich, denn der eine HAT dies und der andere HAT das, und so ist HABEN ein Verb, das den Subjekten auch deshalb so gerne Objekte im Plural zuführt, weil es in jeder Situation so vieles und so viel Verschiedenes gibt, das zum Subjekt «dazu gehört» oder «dazu gehören soll». «Man» versteht daher, dass auf dem Hof des HABENS immer viele Leute zu sehen sind, die sich mit allerhand «Zeug» zu schaffen machen.

Diese Leute sind nun in erster Linie die verschiedenen Personen, die ein Subjekt als dessen mögliche Objekte umgeben, insofern sie in irgendeiner Hinsicht dazugehören. Das sind im familiären und sozialen Zusammenleben primär diejenigen Personen, die mit guten Gründen die «Angehörigen» genannt werden. Denn primär insofern wir Vater und Mutter HABEN, in vielen Familien auch Geschwister, Kinder und Verwandte dazu, HABEN wir ein Dasein, in dem sich trotz aller Endlichkeit und Endlichkeitsfolgen für viele Menschen (leider für viele auch nicht) wohnlich leben lässt. Auch gute Freunde, freundliche Nachbarn und hilfreiche Gefährten, die «man» im Glücksfall an seiner Seite HAT, gehören dazu, weit mehr jedenfalls als irgendein «Zubehör» nützlicher oder erfreulicher Sachen. Eine solche personale Zugehörigkeit kann sich daher, so steht zu erwarten, als dasjenige HABEN erweisen, das dem DASEIN am nächsten kommt und ihm manchmal zum Verwechseln ähnlich sieht. Es wird folglich wohl dabei bleiben müssen, mit Heidegger im DASEIN ein Sein zum Ende oder zum Tode zu sehen. Doch können in dieser Endlichkeit den Menschen manche Helfer mit mancherlei Hilfe zur Seite stehen, vorausgesetzt allerdings, es bleibt ihnen dazu die ZEIT.

*

Die dritte und zugleich wichtigste Kontaktstelle für die Kategorie HABEN wollen wir in der Präposition «vor» erkennen, die bei Heidegger – zusammen mit dem von ihr abgeleiteten Adverb «vorweg» – mit einer starken existenziellen Bedeutung aufgeladen ist. Denn, so Heidegger, «das *vor* und *vorweg* zeigt die Zukunft an.» Die maßgeblichen Formulierungen zu diesem futuristischen Thema stehen in den Erörterungen zur «Sorge» im Kontext der Zeitlichkeit. Dort finden sich auch weitere verbale oder nominale Ausdrücke, mit denen der Autor eine Verbindung herstellt zwischen «vor» oder «vorweg» einerseits und verschiedenen Ausdrücken der Leiblichkeit und des körperlichen Handelns andererseits, zum Beispiel:

- die Vorgabe von Möglichkeiten der Existenz
- das Vorwegnehmen des ganzen Daseins
- das primäre Moment der Sorge, das Sich-vorweg
- Phänomenal ursprünglich wird die Zeitlichkeit erfahren am eigentlichen Ganzsein des Daseins, am Phänomen der vorlaufenden Entschlossenheit.

In diesem existenziellen Zusammenhang prägt Heidegger auch den für ihn offenbar nicht unwichtigen Neologismus der «VORHABE» (als feminine Form unbedingt zu unterscheiden von dem geläufigen Neutrum des VORHABENS). Welches genau der methodologische Ort ist, an dem in dieser Existenz-Analytik die VORHABE ihre Aufgabe zu erfüllen hat, ergibt sich aus dem folgenden Textabschnitt am Anfang des Paragraphen 63, der über die «vorlaufende Entschlossenheit» des Daseins unterrichten will:

> Das Dasein ist ursprünglich, das heißt hinsichtlich seines eigentlichen Ganzseinkönnens IN DIE VORHABE GESTELLT; die leitende Vor-sicht, die Idee der Existenz, hat durch die Klärung des eigensten Seinkönnens ihre Bestimmtheit gewonnen; mit der konkret ausgearbeiteten Seinsstruktur des Daseins ist seine ontologische Eigenart gegenüber allem Vorhandenen so deutlich geworden, dass der Vorgriff auf die Existenzialität des Daseins eine genügende Artikulation besitzt, um die begriffliche Ausarbeitung der Existenzialien sicher zu leiten.

Heidegger wäre nun sicher nicht zufrieden gewesen, wenn seine VORHABE als irgendeine Modalität des HABENS verstanden und diesem Begriff damit untergeordnet worden wäre. An anderer Stelle schreibt er nämlich – und man beachte das einschränkende Adverb «lediglich»:

> Die Entschlossenheit *HAT* [kursiv im Text] nicht lediglich einen Zusammenhang mit dem Vorlaufen als einem anderen ihrer selbst. *Sie birgt das eigentliche Sein zum Tode in sich als die mögliche existenzielle Modalität ihrer eigenen Eigentlichkeit* [kursiv im Text].

Übersetzt in die Sprache des vorliegenden Buches, muss also wohl für Heidegger das gewöhnliche HABEN ohne den existenziellen Mehrwert der VORHABE gedacht werden, insofern nach seiner Überzeugung «lediglich» die VORHABE, nicht jedoch alles sonstige VORHABEN am «Ganzseinkönnen» der «vorlaufenden Entschlossenheit» und damit am «Sein zum Tode» partizipiert.[3] Dieser Einschränkung kann ich mich allerdings meinerseits nicht fügen. Ich werde nämlich versuchen, das in Frage stehende Problem aus dem ansehnlichen Haus des SEINS herauszuholen auf den umgebenden Hof des HABENS. Wenn nämlich jenes Haus nach den befristeten Mietverträgen des DA-SEINS bewohnt wird, dann gehört auch der Hof als willkommener Ort des DA-HABENS dazu. Auf ihm ist jedes HABEN prinzipiell «da», um der Zeitlichkeit irgendwie dienlich zu sein, und sei es lediglich, um deren Endlichkeit für eine knappe Lebenszeit möglichst erträglich oder vielleicht sogar erfreulich zu machen.

– 5 –

HABEN UND SEIN IN FRANKREICH – MIT GABRIEL MARCEL, SARTRE, BOURDIEU

Die kühne Gedankenbrücke, die von Martin Heidegger in seiner Neukonzeption der Ontologie zur Verbindung von SEIN und ZEIT geschlagen worden ist, hat in Frankreich eine bemerkenswerte Rezeptionswelle ausgelöst, die häufig mit solchen Leitbegriffen wie Existenz-Philosophie oder Existenzialismus verbunden war. Bei einigen französischen Denkern, die wir hier kurz besprechen wollen, ist dabei auch das HABEN stellenweise aus dem Schatten des philosophischen Diskurses herausgetreten. Das ist namentlich bei Gabriel Marcel, Jean-Paul Sartre und Pierre Bourdieu der Fall gewesen.

*

Dem französischen Philosophen Gabriel Marcel (1889–1973) war schon früh die negative Tatsache aufgefallen, dass nicht nur Kant, sondern auch viele andere namhafte Philosophen für das HABEN nur ein geringes oder gar kein Interesse aufgebracht haben. Das hat ihn umso mehr verwundert, als sonst eher zu beobachten ist, dass die meisten Menschen in ihrem täglichen Dasein einen beträchtlichen Teil ihrer Lebenszeit darauf verwenden oder verschwenden, den Saldo ihres materiellen HABEN-Kontos zu verbessern.

So hat Gabriel Marcel selber begonnen, dieses verblüffende Reflexionsdefizit wenigstens in Ansätzen zu beheben. Das ist in einem Buch geschehen, das er im Jahre 1935 unter dem Titel «Sein und Haben» *(Être et avoir)* veröffentlicht hat.[1] Der Titel täuscht insofern, als in diesem Buch nur ein Kapitel von nicht mehr als 32 Seiten Umfang unter dem präziseren Titel «Skizze einer Phänomenologie des Habens» [*Esquisse d'une phénoménologie de l'avoir*] ausdrücklich dem HABEN gewidmet ist. Und auch in diesem Teil, der wie das ganze Buch in einem locker-essayistischen Stil geschrieben ist, sind die dem HABEN gewidmeten Reflexionen mit vielen anderen Gedanken zu Gott und der Welt vermischt, so dass sie wie Brosamen zusammengesucht werden müssen.

Nichtsdestoweniger ist dieses Kapitel höchst lesenswert, vor allem weil sich der Autor als erster Philosoph Gedanken darüber gemacht hat, aus welchen Gründen das HABEN so sehr das «Misstrauen» (*méfiance*) der Philosophen auf sich gezogen hat. Er schreibt: «Man möchte sagen, dass die Philosophen sich vom HABEN abgewandt haben, wie von einer unreinen und ganz und gar unbestimmbaren Vorstellung» [*comme d'une idée impure et par essence imprécisable*]. Damit fällt, wie Gabriel Marcel beobachtet hat, ein doppelter Schatten auf das HABEN: die Unreinheit (von welchem Schmutz?) und die Unklarheit (von welcher *clarté*?). Darf aber ein solcher Mangel unwidersprochen bleiben bei einem Begriff, den Aristoteles einmal ehrenvoll in den Katalog seiner Kategorien aufgenommen hat? An anderen Stellen seines Essays hat Gabriel Marcel diese Frage schon selber beantwortet, wenigstens in Umrissen. Was zunächst die «Unreinheit» betrifft, so deutet er an, die Kategorie HABEN könne wohl im Lauf der Geschichte zu sehr in den Dunstkreis der Macht geraten sein [*«la relation qui unit manifestement l'avoir au pouvoir»*]. Und was die «Unschärfe» betrifft, so ist es Descartes, der gerade in Frankreich einen breiten Schatten auf alle Versuche wirft, die Klarheit und Deutlichkeit des Denkens anders als strikt cartesianisch zu definieren.

Nun hat sich Gabriel Marcel jedoch nicht mit dieser negativen Bilanz zufrieden gegeben und selber überlegt, wie das HABEN auf neuen Wegen in das philosophische Denken eingeführt werden kann. So schreibt er zunächst fast meditativ in einer tagebuchähnlichen Notiz, es sei ihm eines Tages beim Spaziergang die Frage in den Sinn gekommen, was es eigentlich heißt zu sagen, «eine Vorstellung (von etwas) zu HABEN» [*avoir une idée*]. Das führt natürlich weiter zu der umfassenderen Frage, was denn überhaupt «geistiges HABEN» [*l'avoir mental*] bedeuten kann. Noch weiter entwickelt und methodisch zugespitzt, lautet die Frage, ob denn einer phänomenologischen Betrachtung, etwa im Sinne Husserls, ein «absolutes HABEN» [*avoir absolu*] zugänglich gemacht werden kann.

An dieser Stelle seines Nachdenkens gibt Gabriel Marcel seinem Problem eine überraschende Wendung, indem er das HABEN, gerade in seiner geistigen Gestalt, der Körperlichkeit *(corporéité)* des Menschen zuordnet. Die Tatsache, einen Körper zu HABEN *(avoir un corps)*, scheint ihm das Urbild und die Wurzel des HABENS überhaupt zu sein. Wenn diese Annahme gerechtfertigt ist, dann dürfte von dieser Körperlichkeit weiterhin angenommen werden, dass sie einen «Grenzbereich» zwischen SEIN und HABEN bildet.

Manche Indizien sprechen dafür, dass Gabriel Marcel zu diesen Überlegungen durch die Vermittlung des Husserl-Schülers Günther Stern gelangt ist, der in den dreißiger Jahren als Emigrant in Paris gelebt und geschrieben hat. Dieser Autor, der in späteren Jahren eher unter seinem «anderen» Namen Günther Anders bekannt geworden ist, spricht in einer philosophischen Schrift über das Haben von einem «Haben schlechthin», das ontologisch zu verstehen ist als das «schicksalhafte» und «unwiderrufliche» HABEN des Leibes.[2]

Ganz im Sinne von Günther Stern/Anders ordnet auch Gabriel Marcel das HABEN, gerade in seiner absoluten Gestalt, der Körperlichkeit *(corporéité)* des Menschen zu. Wenn also die Philosophen und unter ihnen besonders radikal die Cartesianer so auffällig der Kategorie HABEN den Rücken gekehrt haben, so kann dieses seltsame Verhalten auch in der cartesianischen Entfremdung zwischen Geist und Materie seinen tiefsten Grund haben. Jedenfalls könnte, um die Entfremdung dieser zwei Sphären zu überwinden, gerade dem Körper die Rolle zufallen, als «absoluter Vermittler» [*médiateur absolu*] tätig zu werden, wobei dann auch endlich wieder das HABEN seinen Platz im philosophischen Diskurs einnehmen kann. Die zentralen Sätze lauten bei Gabriel Marcel: «Alles HABEN definiert sich in gewisser Weise von meinem Körper her. In diesem Sinne «impliziert» der Körper ein absolutes HABEN [*un avoir absolu*].

An anderer Stelle spezifiziert der Autor diesen Gedanken noch wie folgt: «Was ich HABE, fügt sich meinem Ich hinzu» [*ce que j'ai s'ajoute à moi*]. Und von hier führt dann wieder eine stabile Brücke zum SEIN, dessen Verständnis durch eine methodisch gesicherte Partnerschaft mit der Kategorie HABEN nur gewinnen kann. Denn, so Gabriel Marcel noch einmal: «Es könnte übrigens sein, dass eine phänomenologische

Analyse des HABENS eine nützliche Einführung darstellen könnte für eine erneuerte Analyse des SEINS» [*une introduction utile à une analyse renouvelée de l'être*].

*

An zweiter Stelle soll hier an Jean-Paul Sartre (1905–1980) erinnert werden, der sich mitten im Kriege, als Frankreich noch von deutschen Truppen besetzt war, zum Existenz-Philosophen erklärt hat. Das ist mit seinem Werk «Das Sein und das Nichts» (*L'être et le néant*, 1943) geschehen, das vom Titel her zunächst keinen besonderen Beitrag zur Philosophie des HABENS erwarten lässt. Doch beginnt der vierte und letzte Teil dieser «Ontologie» (so sagt auch er) mit der weitreichenden Feststellung: «Haben, Tun und Sein sind die grundlegenden Kategorien der menschlichen Wirklichkeit.» [*Avoir, faire et être sont les catégories cardinales de la réalité humaine*]. Diese drei Kategorien werden daher von Sartre auch *catégories existentielles* genannt.[3]

An anderer Stelle seines Buches reduziert Sartre die drei genannten Kategorien sogar auf zwei. Allein *être* und *avoir* bleiben übrig, da das «Tun» nach seiner Auffassung nur einen transitorischen Wert hat, weil jeder, der etwas tut, damit im Grunde bezweckt, etwas zu HABEN. Aus dieser Perspektive scheut Sartre auch nicht vor dem definitorischen Satz zurück: «Ich BIN, was ich HABE» (*Je suis ce que j'ai*).

Um diesen Satz zu rechtfertigen, muss Sartre allerdings das HABEN mit einem äußerst starken Akzent versehen. Er versteht es nämlich als eine Vereinnahmung, bei der sich ein Subjekt sein jeweiliges Objekt in einem quasi «magischen» Akt der Besitzergreifung «einverleibt». Dafür steht in seinem Buch der Satz: «Besitzen heißt, etwas zu eigen zu HABEN» [*Posséder, c'est avoir à moi*]. In diesem Sinne ist für Sartre sogar das Erkennen [*connaître*] eine Modalität des HABENS, insofern sich ein erkennendes Ich die von ihm erkannten Objekte aneignet und sie dabei zugleich produktiv oder destruktiv verändert, so dass es von ihnen sagen kann: «Ich bin, was ich an Objekten besitze» [*je suis ces objets que je possède*].

Ausgehend von diesem eigenartigen Possessivismus des frühen Sartre, ist kaum zu übersehen, dass mit ihm bereits die Voraussetzungen für jenen Existenzialismus geschaffen sind, der den Menschen, frei von jeder vorgegebenen «Essenz», in eine blanke «Existenz» wirft, in der alles («engagierte») Handeln Besitzergreifung einer «jungfräulichen Zukunft» ist. So ist diese Thematik von Sartre auch in seinem Atridendrama «Die Fliegen» (*Les Mouches*, 1947) dargestellt worden.[4] Erst nachdem nämlich Orest – ein Hamlet ohne Zögern und Zweifeln – seine Bluttat als Rächer eines schweren Verbrechens begangen hat, HAT er zu seiner (gegebenen) Existenz auch eine (frei gewählte) Essenz. Und so kann er nun von sich sagen: «Ich BIN dazu verurteilt, kein anderes Gesetz zu HABEN als mein eigenes» [*Je* SUIS *condamné à n'*AVOIR *d'autre loi que la mienne*]. Und: «Ich BIN meine Freiheit» [*Je* SUIS *ma liberté*].

*

Der dritte französische Denker, der im 20. Jahrhundert das Nachdenken über das HABEN ein Stück weit vorangebracht hat, ist Pierre Bourdieu (1930–2002). Er hat als Soziologe am Collège de France für dieses Denkprogramm einen eigenen Begriff eingeführt, nämlich «Habitus».[5] Dieser ist abgeleitet von lat. *habere* («haben»), soll aber nach dem erklärten Willen des Autors in erster Linie das griechische Wort *hexis* wiedergeben, das bei Aristoteles, neben dem zugehörigen Verb *echein*, das HABEN im Sinne seiner achten Kategorie meint (vgl. Kap. 1). Vor Bourdieu hatten in Deutschland auch schon der Philosoph Edmund Husserl und in den Vereinigten Staaten der Kunstkritiker Erwin Panofsky mit dem Begriff Habitus gearbeitet.

Als militanter Linker hat Bourdieu in seiner HABITUS-Lehre zeitlebens einen leidenschaftlichen Mehr-Fronten-Krieg geführt: einerseits gegen die Labor-Finessen einer strikt subjekt-orientierten Bewusstseins-Philosophie, andererseits gegen einen geschichtslosen Strukturalismus, der die handelnden Personen als Individuen in ihren gesellschaftlichen Verhältnissen verschwinden lässt. Auch von Sartres Existenzialismus distanziert er sich in mehrfacher Hinsicht.

Doch genau in der Mitte zwischen Sartres Existenz, die jemand IST, und der Essenz, die jemand HABEN kann und soll, hat Bourdieu seine Habitus-Lehre in Stellung gebracht, die den Druck der gesellschaftlichen Verhältnisse zwar nicht in Zweifel zieht, gleichwohl aber jedem Einzelnen aus den historischen Gegebenheiten seiner Lage ein bestimmtes Verhalten zuspricht, das fest «zu ihm gehört». Dieser HABITUS ist also aufzufassen als ein praktischer Bestand von erworbenen Dispositionen, die fallweise ein bestimmtes Handeln nahe legen, ohne es jedoch zu erzwingen. Unter diesen Bedingungen kann der HABITUS als ein GUTHABEN angesehen werden, mit dem eine Person in ihrem Leben wie mit einem (symbolischen) Kapital zielstrebig wirtschaften kann.

- 6 -

SEIN UND HABEN RADIKAL – MIT UND GEGEN ERICH FROMM

Der Psychoanalytiker Erich Fromm (1900–1980) musste im Jahre 1933 von Deutschland in die Vereinigten Staaten emigrieren. Nach einer langjährigen Professur in Mexiko hat er dann seine letzten Lebensjahre in der Schweiz verbracht. Dort hat er auch in englischer Sprache das Buch «*To Have or to Be?*» geschrieben, das im Jahre 1976 in New York veröffentlicht wurde. Es ist zeitgleich unter dem Titel «Haben oder Sein?» in deutscher Übersetzung erschienen.[1]

In seinem Buch geht der Autor von der einfachen Feststellung aus, dass jeder Mensch etwas IST und etwas HAT. Damit sind nach seiner Auffassung zwei Wege der Erfahrung bezeichnet, die in der menschlichen Existenz weit auseinander führen können, und zwar als «Existenzmodus des SEINS» [*being mode of existence*] einerseits und als «Existenzmodus des HABENS» [*having mode of existence*] andererseits. Die gleiche Alternative charakterisiert die ganze westliche Zivilisation, in der sich nach der kulturkritischen Überzeugung von Erich Fromm zwischen diesen beiden antithetischen Modalitäten ein tiefer Graben aufgetan hat, der nahezu unüberbrückbar geworden ist.

Auch die moralischen Bewertungen sind damit – ganz unaristotelisch – festgelegt: Das SEIN ist gut, das HABEN böse. Das zeigt sich, so Fromm, in bestürzender Klarheit schon in der biblischen Geschichte von der Versuchung Jesu in der Wüste. Ihn, der den Menschen ein Leben im SEINS-Modus vorlebt, versucht Satan – vergeblich – zum HABEN zu verführen. Die moderne Gesellschaft hingegen weiß dieser Versuchung nicht zu widerstehen. Es charakterisiert also deren abgründiges «Heidentum» [*western paganism*], dass die Menschen in Europa und Amerika mit überwiegender Mehrheit für den HABEN-Modus und gegen den SEINS-Modus optiert haben. Sie haben sich zu ihrem Unglück dafür entschieden, der fatalen Maxime zu folgen: «*I AM what I HAVE*».

Wie ist es nun zu verstehen, dass Erich Fromm als «radikaler Humanist» in seiner Ethik solch ein manichäisches Schwarz-Weiß-Denken praktiziert und das HABEN nicht nur anschwärzt, sondern geradezu verteufelt? Es hängt wohl letztlich damit zusammen, dass Fromm als Psychoanalytiker und Freudianer vom Verhalten des Kleinkindes ausgeht, das einen Gegenstand, den es HABEN will, gerne in den Mund steckt, ihn also sich einverleiben möchte [*«introjection»* – vgl. Sartre in Kap. 5]. Nach diesem Kindheitsmuster stellt auch noch alles HABEN-WOLLEN des erwachsenen Menschen eine zwanghafte Form der Besitzergreifung und Aneignung von begehrten «Sachen» [*things*] dar und äußert sich triebhaft als Habgier [*greed*]. Selbst wenn jemand Ideen oder Überzeugungen, Freunde oder Weggefährten HAT, ist das tendenziell immer noch eine Form des HABENS, die von Besitz und Eigentum nur mühsam zu unterscheiden ist. Kein Wunder also, wenn nach diesem elementaren Muster der ganzen Gesellschaft nachgesagt werden kann, dass sie immer mehr zu einer reinen HABEN-Gesellschaft [*having society*] mutiert und pervertiert.

In historischer Betrachtung ist Erich Fromm weiterhin davon überzeugt, dass die zunehmende Vorherrschaft und Gewaltherrschaft des HABENS in der westlichen Gesellschaft mit der unseligen Erfindung des Privateigentums zusammenhängt: «Das Wesen des HABEN-Modus der Existenz ergibt sich aus dem Wesen des Privateigentums» [*The nature of the having mode of existence follows from the nature of private property*]. Jean-Jacques Rousseau lässt inkognito grüßen.

*

Was ist im Kontrast dazu von der menschlichen Existenzform des SEINS-Modus zu sagen, die dem HABEN-Modus «unversöhnlich» [*irreconciliably*] entgegensteht? Nur Gutes. So bezeugt es schon die Bibel, zunächst das Alte Testament (das Sabbat-Gebot!) und sodann für Fromm «noch radikaler» das Neue Testament (die Bergpredigt!). Weitere Zeugen sind ihm Buddha für den Osten und Karl Marx für den Westen. Hauptzeuge ist für Erich Fromm jedoch Meister Eckhart, der große deutsche Mystiker (1260–1327), der als Dominikaner-Mönch schon durch sein Gelübde der Armut dem HABEN-Modus abzuschwören hatte. Von ihm gibt es in deutscher Sprache eine Predigt über die mönchische Armut, die nicht nur materielle Bescheidung, sondern auch die biblische Armut im Geiste umschließt. Erst nach einem «vollständigem Verzicht» auf den HABEN-Modus, so interpretiert Erich Fromm diese Dominikanerpredigt, gelangt der Mensch zur Vollkommenheit der Selbstverwirklichung im Modus des SEINS.

Näher an den Lebensbedingungen unserer Welt trifft sich Erich Fromm als Prophet des NICHT-HABENS schließlich mit Karl Marx. Aber gemeint ist hier nur der junge Marx, dessen revolutionärer Impetus mit Erich Fromms eigenen Vorstellungen von einem radikalen Humanismus weitgehend zur Deckung kommt. Mit Blick auf diesen «wirklichen Marx» ruft Erich Fromm dazu auf, den Durchbruch vom Existenzmodus des HABENS zum Existenzmodus des SEINS zu wagen, um auf diese Weise den «neuen Menschen» und eine von ihm zu erfindende «neue Gesellschaft» zu schaffen. Auf sie richtet Erich Fromm (jedoch weit entfernt vom damals noch real existierenden Sozialismus und Kommunismus) alle seine Hoffnungen.

War und ist diese Hoffnung auch realistisch? In den siebziger Jahren des 20. Jahrhunderts, als Erich Fromm seine Gedanken über SEIN und HABEN niederschrieb, zeigten sich ihm am dunklen Horizont der Zeit erste verheißungsvolle Vorzeichen. Denn hier und dort hatten sich damals mit den radikal-politischen Impulsen der spät-sechziger Jahre schon einige Gruppen junger Leute zusammengetan, um enttäuscht vom Reichtum, Luxus und Überfluss ihrer Elterngeneration ein neues und möglichst HABEN-freies Leben einzuüben, nicht nur im Umgang mit materiellen Gütern, sondern auch – ich zitiere Fromms Katalog – beim Lernen, Erinnern, Reden, Lesen, Wissen, Glauben und Lieben.[2]

*

Nachlese. Im Jahre 1989 ist unter dem Titel «Vom Haben zum Sein» ein weiteres Buch von Erich Fromm zu diesem Thema erschienen, das aus dem Nachlass zusammengestellt ist.[3] In ihm findet man vor allen Dingen diverse praktische Vorschläge zu den Wegen und Irrwegen der

Selbsterfahrung (so wörtlich der Untertitel des Buches). Doch enthält dieser Nachlassband auch einige sehr lesenswerte Gedanken, mit denen der Schreiber vom Rigorismus seiner früheren Lehrmeinungen Abstand nimmt. Nun sollen nämlich doch, anders als vorher, zwei grundverschiedene Arten des HABENS anerkannt werden: ein «besitzorientiertes», das ungefähr dem bösen und früher verteufelten HABEN entspricht, und ein anderes und schon «seinsorientiertes» HABEN, das auf dem Weg zu einer «Kunst des SEINS» durchaus gute Dienste leisten kann. In dieser radikal revidierten Fassung seines Nachlasses hat Erich Fromm auch zur Kunst des HABENS einen Beitrag geleistet, dem zuzustimmen nicht schwer fällt.

ZWEITER ABSCHNITT

Treffpunkt Sprache

- 7 -

SEIN UND HABEN IM SATZ UND TEXT

Was in der Sprache einen vollständigen Satz ausmacht, ist eine Frage, die seit ältesten Zeiten die Gemüter bewegt hat. Schon die griechischen Grammatiker haben sich dabei um Antworten bemüht, denen auch die Logiker beipflichten konnten. Und so haben sie auch dem Philosophen Aristoteles zugestimmt, der in seiner «Poetik» (Kap. 20) für das Phänomen Satz eine Definition gefunden hat, die im Prinzip noch heute gilt. Ein Satz (griech. *logos*) ist demnach die Zusammenfügung eines Subjekts (*hypokeimenon*) und eines Prädikats (*kategoroumenon*). Auf diese Weise kommt eine Prädikation (Feststellung als «Fest-Stellung») zustande, zu der die einfache Wahrheitsfrage gestellt werden kann, die lautet: Ist diese Feststellung wahr (richtig) oder falsch (unrichtig)? Auch die Rhetoriker, die oft gleichzeitig Juristen waren, haben sich mit dieser Lehre einverstanden erklärt, da sie erlaubte, im Satz (vgl. lat. *sententia*) das abschließende Urteil (vgl. lat. *iudicium*) zu erkennen, durch das ein gerichtlicher Prozess zum Abschluss und zur Befriedung der beteiligten Parteien zu bringen war.[1]

*

Es gibt Sätze verschiedener Art. Sie unterscheiden sich voneinander gemäß den syntaktischen Mustern, nach denen sie gebaut sind. Diese wiederum sind von der Wertigkeit («Valenz») der Verben abhängig. Für unsere Fragestellung nach SEIN und HABEN sind nur zwei Satzbaumuster relevant: Sätze mit einem einwertigen Verb und Sätze mit einem zweiwertig-transitiven Verb.

Einwertige Verben haben im Satz nur eine Handlungsrolle (einen «Aktanten») bei sich, in der Regel das Subjekt (Person oder Sache), zum Beispiel: «Unsere Freunde [Subjekt] wohnen [Prädikat] in Dresden.» Prädikat ist in diesem Satz ein einwertiges Verb. Viele Verben, die wie in diesem Beispiel eine elementare Befindlichkeit ausdrücken, sind einwertig.

Unter den einwertigen Verben ist das Verb SEIN das Elementarverb schlechthin. Es dient im Satz für gewöhnlich als «Copula» (Verbindungsstück), das heißt, als bloßer Zubringer eines angeschlossenen Prädikaments, das im Einzelfall als Prädikats-Nomen, Prädikats-Adjektiv oder Prädikats-Adverb ausgestaltet sein kann, zum Beispiel: «Er | sie [Subjekt] IST [Prädikat] Journalist(in) / freischaffend / kenntnisreich / ständig unterwegs [Prädikamente]». Bei dem Elementarverb SEIN als Zubringer wird besonders deutlich, dass es für das Verständnis des Textes im Wesentlichen auf diese nominalen, adjektivischen oder adverbialen Prädikamente ankommt. Diese werden dem Subjekt zugesprochen oder zugeschrieben und bereichern dessen Bedeutung zum Vorteil seiner Erkennbarkeit.

Die Besonderheit einer SEINS-Prädikation liegt also darin, dass der Fortgang der Handlung, so wie ihn der Textfluss abbildet, für einen ultra-kurzen Moment angehalten und auf das Subjekt hin zurückgelenkt wird. Dadurch wird dieses mit einem Mehrwert an Semantik angereichert. Eben auf dieser Inversion beruht die spezifische Leistung, die das Verb SEIN befähigt, das Subjekt in seinen Merkmalen besser erkennbar zu machen. Wir können daher das Vermögen zur Herstellung und Feststellung von ERKENNBARKEIT (Identität) als die Grundbedeutung des Elementarverbs SEIN ansehen. Als weitere Elementarverben sind WERDEN und BLEIBEN mit je spezifischer Zeitlichkeit an diesem Verständigungswerk beteiligt.

*

Auch das Verb HABEN ist ein Elementarverb im besprochenen Sinne, doch folgt es einem anderen Satzbaumuster. Es muss daher zunächst erörtert werden, wie dieses beschaffen ist. Es ist mit einem zweiwertig-transitiven Verb gebildet. Bei diesem Satzbaumuster, das im Sprachgebrauch ebenfalls sehr beliebt ist, kann das Prädikat außer dem Subjekt noch eine zweite Handlungsrolle bei sich haben (das ist mit Zweiwertigkeit gemeint), und zwar ein Akkusativ-Objekt (das ist mit Transitivität gemeint), zum Beispiel: «Wir [Subjekt] erwarten / begrüßen / bewirten / verabschieden [Prädikate] unsere Gäste [Objekt im Akkusativ].» In einem solchen Satz mit zweiwertig-transitivem Verb wird die Aufmerksamkeit des Hörers oder Lesers vom Subjekt weg «hinübergelenkt» (vgl. lat. *trans-itus* für «Hinübergang») zum Objekt, das dadurch für das jeweilige Prädikat erschlossen wird.

Diesem Satzbaumuster folgen der Form nach, aber auch nur der Form nach, die HABEN-Sätze. Auch sie also, die mit dem ebenfalls zweiwertigen Verb HABEN gebildet sind, verlangen neben dem Subjekt als weitere Handlungsrolle ein Objekt im Akkusativ. Doch besteht ein gravierender Unterschied zu den normalen Sätzen dieses Satzbaumusters. In der Tat hat das Elementarverb HABEN nur zum Schein ein Akkusativ-Objekt bei sich. Inhaltlich («semantisch») handelt es sich bei dem Objekt des Elementarverbs HABEN um ein Habitus-Objekt (nach lat. *habitus* für die «Gewohnheit des Habens»). Bei einem solchen Objekt wird das Verständnis nicht auf das Objekt hin gelenkt, sondern vielmehr in der Gegenrichtung («retro-transitiv») zum Subjekt zurückgelenkt. Die HABEN-Prädikation beruht folglich ebenso wie die SEINS-Prädikation auf einer Inversion. Doch wird das jeweilige Subjekt durch HABEN als Zubringerwort nicht mit neuen Merkmalen angereichert, sondern es wird stattdessen von zugehörigen Personen oder Sachen her charakterisiert. Die Herstellung und Feststellung von ZUGEHÖRIGKEIT (Pertinenz) ist demnach die Grundbedeutung des Verbs HABEN,[2] so wie die ERKENNBARKEIT (Identität) die Grundbedeutung des Verbs SEIN ist. Doch ist der Rückbezug auf das Subjekt beiden Elementarverben gemeinsam.

Alle HABEN-Sätze antworten demnach auf die Frage: Wer oder was gehört zu wem oder zu was? Ein Beispiel: «Wir [Subjekt] HABEN [Prädikat] Gäste [Habitus-Objekt]». Was hier als Zugehörigkeit oder Pertinenz zum Ausdruck gebracht wird, betrifft nicht eigentlich «die Gäste» (die als bekannt vorausgesetzt werden), sondern «uns», die hier zu «Gastgebern» erklärt werden, insofern die Gäste nunmehr fest zu uns «dazugehören». Das bestätigt auch noch einmal die enge Verwandtschaft, die zwischen den Sätzen des SEINS und denen des HABENS besteht. In das SEIN übersetzt, könnte das Beispiel ja lauten: «Wir [Subjekt] SIND [Prädikat] die Gastgeber [Prädikats-Nomen]». Somit können alle HABEN-Sätze, wenn man so will, als verkappte SEINS-Sätze angesehen werden.

*

Die strukturelle Verwandtschaft, die zwischen den beiden elementaren Satzbaumustern besteht, findet auch darin eine Bestätigung, dass beide von der Bildung eines Passivs ausgeschlossen sind. Wir werfen daher, was die HABEN-Sätze betrifft, noch einmal einen Blick auf die «gewöhnlichen» Sätze, in denen ein zweiwertig-transitives Verb ein Akkusativ-Objekt bei sich hat. Für alle Sätze dieses Satzbaumusters ist bekannt, dass sie leicht aus dem Aktiv ins Passiv umgewandelt werden können, wobei das Objekt, nun im Nominativ, die Subjekt-Rolle übernimmt und das alte aktive Subjekt verdrängt. Die oben angeführte Beispielreihe lautet nun: «Die Gäste [das aktive Objekt nun als Subjekt] werden erwartet / begrüßt / bewirtet / unterhalten / verabschiedet [Prädikate im Passiv]». Fakultativ kann dabei das alte Subjekt des Aktiv-Satzes, wenn es nicht ganz in Vergessenheit geraten soll, als Präpositional-Junktion («von uns») beiläufig in den Passiv-Satz eingefügt werden. Das ist jedoch nur in seltenen Fällen angebracht, da ein Passiv-Satz seinen besonderen Wert gerade darin hat, dass er einen urheberlosen und insofern objektiven Eindruck macht – weshalb sich dieses Passiv auch in administrativen und technisch-wissenschaftlichen Verlautbarungen überaus beliebt machen konnte.

Ganz anders verhalten sich in dieser Hinsicht die HABEN-Sätze. Obwohl sie den Sätzen mit zweiwertig-transitivem Verb formal darin gleichen, dass sie ein Akkusativ-Objekt bei sich haben können, lässt sich mit einem Habitus-Objekt kein Passiv der beschriebenen Art bilden. Der Sprachgebrauch kennt demnach in unserer oben gebildeten Beispielreihe keinen Passiv-Satz, in dem Gäste von wem auch immer **gehabt werden*. Ein solcher Satz wäre ungrammatisch. Auch kraft dieses Passiv-Verbotes stehen die HABEN-Sätze den SEINS-Sätzen nahe, da diese ebenfalls kein Passiv zulassen.

*

Wenn also, wie besprochen, alle Sätze mit den Elementar-Verben SEIN und HABEN auf einer Inversion der sonst üblichen Verständigungsrichtung beruhen, dann zeichnen sich beide Satzbaumuster auch durch ein ähnliches Verhältnis zur Zeitstruktur aus. Durch die Rückwendung auf das Subjekt hin entsteht nämlich an der Grenze von Kurzzeit- und Langzeitgedächtnis ein momentaner Stau, der sich auf die Zeitlichkeit der Verständigung, wenn auch in kleinsten Zeitmaßen, verlangsamend und verfestigend auswirkt. In der Routine des kommunikativen Handelns bleibt dieser kurze oder ultra-kurze Stau in der Regel unbemerkt. Er schafft jedoch die Voraussetzung für die bewusste und willentliche Übernahme eines Sachverhalts in das Langzeitgedächtnis. Es kann dann nämlich der momentane Stau des Zeitflusses über seine natürliche Dauer hinaus gedehnt werden, was dem Bewusstsein ermöglicht, für die Erkennbarkeit des Subjekts und dessen Zugehörigkeiten Aufmerksamkeit und Interesse aufzubringen. Das ist insbesondere dann angebracht, wenn der Sachverhalt unklar oder strittig ist. Dann bieten gerade die Sätze mit negierten Elementarverben die Gelegenheit, den Verständigungsprozess für eine kürzere oder längere Zeitspanne anzuhalten und in Rede und Gegenrede zu versuchen, eine Klärung der Situation herbeizuführen. Am Zeitaufwand darf dabei nicht allzu sehr gespart werden.

*

Einen bemerkenswerten Grenzfall bildet in diesem Zusammenhang das Rechthaben und Unrechthaben. Zugrunde liegt auch hier das zweiwertige Verb HABEN mit einem eng angebundenen, weil ohne Artikel gebrauchten Habitus-Objekt, zum Beispiel: «Er | sie HAT meistens, aber nicht immer Recht / Unrecht.» Die feste Zugehörigkeit zum Subjekt, die dem Objekt damit zuerkannt wird, leuchtet hier ohne weiteres ein, da diesem HABEN-Satz ein entsprechender SEINS-Satz äquivalent ist, etwa: «Er | sie IST im Recht / im Unrecht». Gerade an diesen Beispielen ist deutlich der zusätzliche Zeitaufwand abzulesen, der nötig wird, wenn dem Subjekt eine fragliche oder strittige Zuwendung zuteil geworden ist. Dann muss der Prozess der Verständigung für eine kürzere oder längere Dauer angehalten werden, damit ein Umdenken stattfinden kann – mit möglicherweise erheblichem Zeitverbrauch für das Hin und Her des Argumentierens. Wenn allerdings ein «Rechthaber» mit im Spiel ist, dann wird dieser in seiner Verstocktheit wahrscheinlich schnell ungeduldig, und er versucht, das Sprachspiel durch seine «Rechthabereien» abzukürzen. Spätestens dann ist für die Beteiligten eine «Kunst des Streitens» gefragt, wie sie bereits von Schopenhauer als «Eristik» skizziert worden ist (vgl. Kap. 3). Schlimmstenfalls muss der Streitfall sogar vor Gericht ausgetragen werden, und das kostet außer Zeit auch noch Geld.

– 8 –

HABEN ALS HILFSVERB: WAS NOCH UND WAS SCHON ZUR GEGENWART GEHÖRT

Ein altes deutsches Sprichwort besagt: «Eine Unze HABE ist besser als ein Pfund HABE GEHABT». Recht hat hier der Volksmund, denn die eigentliche Zeit des HABENS ist die Gegenwart. Das Verb HABEN ist daher vollständig in seinem Lot, wenn es heißt: «Ich HABE eine Familie / einen Beruf / eine Lebensversicherung / ein Hobby / einen Hausarzt ». Diese kleine und leicht zu verlängernde Beispielreihe zeigt zugleich, dass es schwierig oder sogar unmöglich ist, die Gegenwart des HABENS in ihrer semantischen Ausdehnung (Extension) zu bestimmen. Sie reicht, so können wir das Phänomen auch sehen, prinzipiell so weit, wie das Verb HABEN als Zubringer beliebige Habitus-Objekte an ein Subjekt binden kann. Das ist als DA-HABEN keine messbare, sondern eine von der jeweiligen Situation zeitlich und räumlich abhängige Größe, wie sie metaphorisch auch mit dem «Hof des HABENS» gemeint ist. Sogar in einem «gefüllten Augenblick» (Kairos) kann sie enthalten sein, so etwa wenn ein lange lastendes Problem plötzlich zu einer Lösung findet: «Ich HAB's!»

*

Die HABEN-Grammatik gibt sich jedoch mit der bloßen Gegenwart nicht zufrieden. Unter bestimmten Bedingungen gliedert sie sich auch Anteile der Vergangenheit und der Zukunft an und betrachtet diese Zeitstufen als «noch» oder «schon» der Gegenwart zugehörig. Diese erweiterte Zugehörigkeit bedeutet zugleich für das Dasein, immer in den Fängen der Endlichkeit, eine Unze Freiheit von seiner bloßen Gegenwart.

Schauen wir noch einmal zurück auf «Sein und Zeit». In diesem Werk kommt Heidegger auch, eher beiläufig, auf die drei Zeitstufen

Vergangenheit, Gegenwart und Zukunft zu sprechen, die er die «drei Ekstasen der Zeit» nennt. Die Zeitformen der Grammatik berücksichtigt er dabei nicht wirklich. In der Grammatik sind nämlich nicht drei, sondern – je nach den Einzelsprachen – mindestens fünf bis zehn «Tempora» zu zählen, mit einem auffälligen Ungleichgewicht zugunsten der Vergangenheit. Diesen Fingerzeigen wollen wir im Folgenden ein Stück weit folgen.

Von der Sprache her betrachtet, manifestieren sich alle Zeitformen oder Tempora primär an den Verben, sekundär auch an anderen Wortarten.[1] Dieser Regel folgen auch die Formen des Verbs HABEN. Die einfachen (synthetischen) Zeitformen gruppieren sich um die Stämme «ich habe» und «ich hatte». Sie werden jedoch vielfältig ergänzt durch analytische Zeitformen, die mittels «Hilfsverben» (*auxiliary verbs*) zusammengesetzt werden. Unter ihnen begegnen wir auch dem Verb HABEN wieder, nunmehr als Hilfsverb, zum Beispiel: «ich HABE gearbeitet». Aus dem Zusammenwirken einer finiten Form des Verbs HABEN als Hilfsverb mit dem Rück-Partizip (Partizip Perfekt) eines beliebigen anderen Verbs entsteht hier analytisch ein neues Tempus: das Perfekt. Es kann seinerseits noch einmal in ein weiteres analytisches Tempus rückversetzt werden: das Plusquamperfekt («ich HATTE gearbeitet»). Nach diesem Muster kann das Verb HABEN sogar in einer Doppelrolle auftreten, als Hilfsverb und als Vollverb («ich HABE GEHABT/HATTE GEHABT»).

Innerhalb der sogenannten Vergangenheits-Tempora unterscheiden sich alle (analytischen) Formen des Perfekts signifikant von den (synthetischen) Formen des Präteritums. Die Perfekt-Formen dienen dazu, einen Sachverhalt zu «besprechen». Mit den Formen des Präteritums hingegen wird ein Sachverhalt «erzählt». Diese Unterscheidung ist für den Hörer oder Leser eine wichtige Verständnishilfe. Das Erzählen wendet sich von der Gegenwart ab und begründet für die Kommunikation eine eigene Sphäre, die «erzählte Welt». Alles, was erzählt wird, kann daher vom Adressaten mit einer gewissen Gelassenheit und Entspanntheit aufgenommen werden. Ein unmittelbar fälliges Handeln ist nicht gefragt.

Im markanten Kontrast zum Erzählen gibt das Perfekt als Tempus der «besprochenen Welt» dem Hörer oder Leser den Wink, dass der betreffende Sachverhalt, obwohl vergangen, gleichwohl der Gegenwart «noch zugehört». In diesem Hinweis können wir deutlich die allgemeine Bedeutung des Verbs HABEN wiedererkennen, insofern dieses mit seinen Prädikationen eine elementare Zugehörigkeit (Pertinenz) zum Ausdruck bringt (vgl. Kap. 7). Für HABEN als Hilfsverb gilt diese Bedeutung grundsätzlich weiter, mit der Besonderheit jedoch, dass diese Zugehörigkeit beim Perfekt (nur) durch eine Zeitbrücke ausgewiesen wird. Durch das Tempus Perfekt wird also ein Hörer oder Leser davon in Kenntnis gesetzt, dass ein vergangener Sachverhalt «noch» (das heißt, «länger als erwartet») der Gegenwart «zugehörig» ist und als gegenwärtig weiterhin besprochen werden soll.

Aus diesen Strukturbedingungen folgt, dass mündliche oder schriftliche Sprachspiele, die sich vorwiegend des Perfekts bedienen, besonders geeignet sind, ein Resultat, ein Fazit, eine Bilanz oder eine sonstige Rechenschaft gebende Äußerung auszudrücken, wenn deren Geltung in der Gegenwart «noch» verhandelt werden muss. So spielen sie auch eine besondere Rolle in dem ethischen oder juristischen Sprachspiel «Verantwortung», auf das insbesondere Hans Jonas in seinen Schriften zur Verantwortungsethik aufmerksam gemacht hat.[2] Prototypisch hat dieser Autor seine Theorie der Verantwortung an der biblischen Situation von Kains Brudermord dargestellt (Genesis, Kap. 3). Denn die von Gott an Kain nach dessen Mord an Abel gerichtete Frage «Was HAST du getan?» ist nach Jonas die Urfrage der Verantwortungsethik. Und somit ist sie in der Luther-Bibel (wie auch in anderen maßgeblichen Bibelübersetzungen) im Perfekt gestellt, da dieses Kapitaldelikt, wie im unauslöschlichen «Kainsmal» symbolisiert, weiterhin («noch») zur biblisch interpretierten Gegenwart gehört.

*

Mit einem gewissen Parallelismus ist die Zukunft als eine zeitliche Perspektive anzusehen, die unter bestimmten Bedingungen «schon» zur Gegenwart gehören kann. Doch ist in der Sprache die Vorausschau weniger deutlich ausgeprägt als die vorher besprochene Rückschau auf die Vergangenheit. Denn von der Vergangenheit ist bekannt, dass sie im Gedächtnis der Menschen oder noch zuverlässiger in der historischen Aufzeichnung über eine längere Geschichtszeit zugänglich bleibt. Die Zukunft hingegen ist die unbekannte Zeit schlechthin. Auch das Sprachbewusstsein kann sich nur tastend in dieses Fremdland vorwagen, wobei die natürlichen Sprachen sehr unterschiedliche Strategien der Erkundung gewählt haben. In der deutschen Sprache wird die Vorausschau in die Zukunft umgangssprachlich vornehmlich dem Tempus Präsens in Verbindung mit temporalen Adverbien zugewiesen («heute HABEN wir viel zu tun, denn morgen HABEN wir Feiertag»). Sobald diese Vorausschau jedoch auf Ungewissheiten stößt oder gegen aufkommende Bedenken mit Nachdruck vertreten werden muss, übernimmt in der Regel das «eigentliche» Futur die Vorausschau und bedient sich dabei eines Hilfsverbs aus dem SEINS-Register («der ewige Friede WIRD kommen»). Da diese Hoffnung bekanntlich nicht sehr sicher gegründet ist, WIRD man wohl einige Zweifel behalten dürfen.

Es gibt jedoch darüber hinaus einen eigenen Zukunftsbereich, der – weil vielleicht etwas weniger ungewiss – exklusiv dem HABEN vorbehalten ist. Dabei wird ebenfalls, ganz ähnlich wie beim Perfekt, eine finite Form des Verbs HABEN als Hilfsverb gebraucht, nun aber in einer Verbindung mit einem Vollverb im Infinitiv mit «zu» («ich HABE eigentlich nichts ZU verlieren»). In dieser Präposition, die in Verbindung mit HABEN als Zubringer ein Ziel anvisiert, ist die Vorausschau enthalten. Doch auch sie kann ihre Unsicherheit nicht immer verbergen und tritt daher häufig in der einen oder anderen Weise «modal» eingefärbt auf («was HABE ich schon zu befürchten?»). Auch in solcher modalen Ausdrucksweise wird ein Blick in die Zukunft, insofern diese sich etwa als Verhör oder gerichtliche Untersuchung abspielen sollte, «schon» als der Gegenwart «zugehörig» vorweggenommen, aber nun wohl eher aus dem guten oder weniger guten Gewissen einer beschuldigten Person. Nicht selten gibt bei diesem Modal-Futur auch ein Zwang (ein «Muss») die Richtung vor, in der die Zukunft exploriert werden soll («Sie HABEN mit Ihren Ausweispapieren bei der Verwaltung vorstellig ZU werden»). Eben das, was die Leute tun müssen, «werden» sie meistens wohl «tun». Sonst HABEN sie bestimmt mit Unannehmlichkeiten ZU rechnen.

– 9 –

MIT DEM KRIEGEN KOMMT DAS HABEN

Als ich in diesem Buch die beiden Elementarverben SEIN und HABEN verglichen habe (vgl. 7), ist ein Gesichtspunkt noch außer Betracht geblieben, der für die Zeitlichkeit dieser beiden Kategorien von nicht geringer Bedeutung ist. Für sie beide gilt nämlich, dass weder SEIN noch HABEN immer schon fertig «da» sind. Beide Zustände kommen in vielen Fällen erst durch einen Prozess zustande, der auf der einen Seite von dem Verb «werden», auf der anderen Seite von dem Verb «kriegen» ausgelöst wird. Insofern gehören diese Verben als Satelliten mit zu den Kategorien SEIN und HABEN.[1]

In der Grammatik sind «werden» und «kriegen» Elementarverben mit jeweils hoher Gebrauchsfrequenz und mit parallelen Strukturen, die nicht zu übersehen sind:

sie IST immer heiter – er WIRD schnell müde
er HAT an allem Spaß – sie KRIEGT leicht Ärger

Die beiden Verben «werden» und «kriegen» dienen auch, wiederum parallel strukturiert, als Hilfsverben zur Bildung besonderer Tempusformen im Passiv, so dass sich das WERDEN zum SEIN etwa so wie das KRIEGEN zum HABEN verhält:

er IST gestern gekommen – sie WIRD gerade gerufen
sie HAT ein Taxi bestellt – er KRIEGT die Fahrt bezahlt

Bei jedem der letzten Beispiele wirken die Hilfsverben WERDEN und KRIEGEN mit dem Rück-Partizip (Partizip Perfekt) zusammen.

*

Nun empfiehlt es sich jedoch, das Verb «kriegen» auch lexikographisch unter die Lupe zu nehmen. Es ist in der deutschen Sprache ein eigenartiges Verb, das im Sprachgebrauch zu allerhand Irritationen Anlass gegeben hat. Zunächst etymologisch. Es steht außer Frage, dass dieses Verb, wenn ich so sagen darf, keine gute Kinderstube gehabt hat. Es ist etymologisch als verbale Ableitung aus dem Nomen «Krieg» gebildet worden. Davon zeugt noch bis heute das im Sprachgebrauch völlig veraltete, jedoch intransitive Verb «kriegen» mit der Bedeutung «Krieg führen». Irrlichtert vielleicht diese Herkunft noch – mehr oder weniger bewusst – in manchen Köpfen? Von der normativen Grammatik und Stilistik wird nämlich für den deutschen Sprachgebrauch manchmal ganz offen, bisweilen auch verdrückt empfohlen, die Formen des Verbs «kriegen» am besten gar nicht oder allenfalls in der gesprochenen Umgangssprache zu verwenden. In der deutschen Schriftsprache und sogar in den höheren Registern der gesprochenen Sprache soll man stattdessen das Verb «bekommen» oder (seltener) «erhalten» verwenden. Es entstehen dann bei einigen Sprechern oder Schreibern solche Verrenkungen wie «wir BEKOMMEN das schon hin» an Stelle der vielgebrauchten Redensart «wir KRIEGEN das schon HIN», gegen die in einer passenden Situation wenig einzuwenden ist.

Und was sagt die Lexikographie dazu? Die Duden-Redaktion hat für ihr «Deutsches Universalwörterbuch» (7. Auflage 2011) aus den bekannten Fakten auch für die deutsche Gegenwartssprache die befremdliche Folgerung gezogen, das Verb «kriegen» nicht etwa in seinem grammatischen Zusammenwirken mit HABEN, sondern in seinem archaischen Zusammenhang mit dem kriegerischen Kriegen zu beschreiben. Man findet tatsächlich das Verb «kriegen» eingekastelt mitten in dem Wörterbuch-Artikel «Krieg», als ob es immer noch einen kriegerischen Unterton hätte. Das ist seit einer langen Geschichtszeit nicht mehr der Fall. Der einzige Krieg, der dem sehr geläufigen Verb und Hilfsverb «kriegen» heute noch zu schaffen macht, ist der unnötige Krieg der normativen Grammatiker gegen dieses arg- und harmlose Wort der deutschen Sprache.

Ich plädiere also, dieses Verb betreffend, auf Freispruch wegen erwiesener Unschuld und ermutige die Sprecher und Schreiber der deutschen Sprache, es unbefangen in Wort und Schrift zu gebrauchen, genau so unbesorgt wie das semantisch verwandte Elementarverb HABEN. Für dieses Votum habe ich übrigens viele verlässliche Zeugen.

Das sind die Liebesleute unseres Landes, wenn sie sich nämlich an die bekannte Maxime halten: «Was sich liebt, soll sich auch KRIEGEN». Und dann sollen sie, wenn sie es denn wollen, auch irgendwann «Kinder KRIEGEN» – und nicht etwa sie «bekommen» oder «erhalten».

– 10 –

MUSS MAN BESITZEN, WAS MAN HAT? – EIN NOSTALGISCHES KAPITEL

In jenen fernen Zeiten, als ich auf der «Katholischen Sankt-Josephs-Volksschule für Jungen» zu Münster in Westfalen die Schulbank drückte, habe ich dort auch gelernt, wie es sich in der Grammatik, will sagen in der Sprachlehre, mit dem HABEN verhält. Ich erinnere mich, dass wir «I-Männchen» die Gebrauchsregeln dieses «Tu-Wortes» fast von selber lernten. Ich HATTE ja eine Schreibtafel / einen Griffel / einen Schwamm / einen Tafellappen und HATTE das alles auch ziemlich ordentlich in meinem Ranzen.

Ebenso selbstverständlich war es für mich zu sagen: «Zuerst HABEN wir heute Lesen, Schreiben und Rechnen, danach HABEN wir Singen und Turnen». Und für all das HATTEN wir unseren Lehrer Springer (Ehre seinem Andenken!). Er achtete allerdings genau darauf, dass wir «ich HABE» und nicht «ich HAB», «HÄTTEST du doch» und nicht «HÄTTSTE doch» schrieben, alles aber immer hübsch sauber mit weißer Schrift auf der schwarzen Schiefertafel. War das irgendwann gegen seinen Sinn, dann HATTE er für diesen Zweck sein Stöckchen. Ich HABE aber nur einmal damit ein paar Schläge «durch die Hand» gekriegt.

Schwieriger war die Sache mit den «Dingwörtern». Gewiss, so sicher wie ich den Ranzen HATTE, so war das auch MEIN Ranzen. Mit dem Dingwort Ranzen (etwas, was man anfassen kann, deshalb Dingwörter) konnte also ein «besitzanzeigendes Fürwort» verbunden werden, wie im Beispiel MEINES Ranzens. Da habe ich jetzt aber nach dem «Wer-Fall» des ersten Beispiels schon einen «Wes-Fall» gebraucht. Ach, was war bei den «Fürwörtern» nicht alles zu unterscheiden! Die drei Personen (1., 2. 3. Person), die zwei Zahlformen (Einzahl, Mehrzahl), die drei Geschlechter (männlich, weiblich, sächlich) und dann noch die vier Fälle (Wer-Fall, Wes-Fall, Wem-Fall, Wen-Fall). Das ergab zusammen ein ziemlich schwieriges Paradigma, will sagen «Päckchen», das aber in Merkversen doch ziemlich leicht auswendig zu lernen war: MEIN/DEIN/SEIN/UNSER/EUER/IHR. In dieser Reihe fehlen aber noch die Geschlechter, also: SEIN Fußball/IHRE Puppe. Ferner die Fälle: Dies ist MEINE Schreibtafel. Wo HAST du DEINEN Griffel? An SEINEM Tafellappen ist das Band abgerissen. Wo HAT sie die Rollschuhe IHRES Bruders?

Am liebsten und am besten haben wir damals die Sprachlehre beim Singen gelernt, natürlich auswendig, also bis heute unvergessen wenigstens die erste Strophe:

Ännchen von Tharau ist's, die mir gefällt,
sie ist MEIN Leben, MEIN Gut und MEIN Geld.
Ännchen von Tharau HAT wieder IHR Herz
auf mich gerichtet in Lieb und in Schmerz.
Ännchen von Tharau, MEIN Reichtum, MEIN Gut,
du MEINE Seele, MEIN Fleisch und MEIN BLUT.

Dieses wunderschöne Gedicht von Simon Dach, nach einer alten Volksweise zu singen, habe ich es auch verstanden? Ja, natürlich.

In meiner Volksschule wurde aber nicht immer gesungen. Denn das Päckchen der besitzanzeigenden Fürwörter gab zugleich Gelegenheit, ernstlich über den Unterschied von MEIN und DEIN nachzudenken. Denn was MEIN ist, das ist nicht DEIN. Und wer MEIN und DEIN verwechselt, der stiehlt und ist ein Dieb (wir sagten: Stehler). Er hat gegen das siebente Gebot verstoßen, und das ist eine schwere Sünde. Auch deswegen ist es so wichtig, die besitzanzeigenden Fürwörter auswendig zu lernen und nicht wieder zu vergessen.

Ob allerdings bei dem Lehrer, den wir in UNSERER Schule HATTEN, oder bei der Lehrerin, die ihr Mädchen in EURER Schule HATTET, auch tatsächlich gemeint war, dass bei den Lehrpersonen beiderlei Geschlechts jeweils Besitz angezeigt wurde? Und wie verhielt es sich mit Jesus bei dem zu lernenden Stoßgebet «MEIN Jesus, Barmherzigkeit?» Bei Gott Vater, wenn wir das VATERUNSER beteten? Bei der Madonna, wenn wir sie als UNSERE Liebe Frau verehrten? Was für ein Besitz wurde da eigentlich angezeigt? Das sind nun allerdings Gedanken und Vorstellungen, die dem damaligen Volksschüler gewiss nicht durch den Kopf gegangen sind.

Erst später, sehr viel später habe ich mich gefragt, ob die Altmeister der griechischen und lateinischen Grammatik uns Nachgeborenen vielleicht einen problematischen Dienst damit erwiesen haben, dass sie bei dem Verb HABEN in der Verbal-Grammatik und bei den Possessiv-Pronomina MEIN und DEIN in der Nominal-Grammatik das Besitzstreben, Besitzergreifen und schließlich das Besitzen selbst so suggestiv ins Zentrum des Sprachbewusstseins gerückt haben. Denn das wird keineswegs den Fakten des Sprachgebrauchs und dem natürlichen Sprachbewusstsein gerecht. Hier sind wir alle, Linguisten und Laien, schon von der antiken Grammatik durch den unglücklichen Begriff des Besitzens in eine irreführende und in diesem Sinne falsche Richtung gelenkt worden. Wir können diesen Unglücksweg der linguistischen Begriffsbildung und schulpädagogischen Benennung den «Possessivismus» des Sprachdenkens nennen. Und da er schon den Unmündigen eingepflanzt wurde und bisweilen immer noch wird, steht leider zu befürchten, dass diese Lehre einige unliebsame Folgen von unbekannter Tragweite gehabt oder angezeigt hat. Es ist nämlich nicht auszuschließen, dass die Ursachen dieses Possessivismus viel tiefer liegen und sozial-ökonomische Verhältnisse widerspiegeln, die allein von der Sprachkritik her nicht erreichbar sind. Das ist ein weites Feld.[1]

*

Wir wollen im Folgenden den kritisch besprochenen Sachverhalt noch von einer anderen Seite beleuchten, und zwar mit Blick auf einige maßgebliche Wörterbücher der deutschen Sprache.[2] Sie sind, neben den Grammatiken, die Codices des Sprachgebrauchs. In ihnen spiegelt sich ziemlich zuverlässig die Sprachkultur einer Gesellschaft mit ihren Vorzügen oder Mängeln.

Die lexikographische Erfassung der deutschen Sprache beginnt, was die hochdeutsche Standardsprache betrifft, im 16. und 17. Jahrhundert im Wirkungskreis mitteldeutscher Kanzleisprachen sowie verschiedener Akademien und Sprachgesellschaften des Heiligen Römischen Reiches Deutscher Nation. Sie erreicht einen ersten Höhepunkt in der Goethe-Zeit durch die beiden großen Wörterbücher von Johann Christoph Adelung und Joachim Heinrich Campe. Beide Wörterbücher beschreiben mit normativer Zielsetzung den seinerzeitigen Sprachgebrauch etwa so, wie wir ihn von den Klassikern kennen.

Adelungs Wörterbuch hat den Titel «Grammatisch-kritisches Wörterbuch der Hochdeutschen Mundart» (2. Aufl. 1796). Campes Wörterbuch ist unter dem Titel «Wörterbuch der deutschen Sprache» ein gutes Jahrzehnt später erschienen (1808). In beiden Wörterbüchern findet sich jeweils ein längerer Artikel über das Verb HABEN. Und in beiden haben die Wörterbuchmacher Wert darauf gelegt, die Beschreibung der Wortbedeutung mit dem körperlich-sinnlichen Bedeutungsbereich beginnen zu lassen. So liest man bei Adelung als «erste und eigentliche» Bedeutung des Verbs HABEN: «In der Hand halten, mit der Hand und in weiterer Bedeutung mit einem Teile seines Leibes berühren und sich dessen bewusst sein». Sein Leitbeispiel ist: «HABEN Sie das Buch? – Ja, jetzt HABE ich es». Und auch Campe beginnt ähnlich: «In der Hand, mit der Hand halten, und in weiterer Bedeutung an seinem Körper oder auch nur bei sich tragen». Dazu seine ersten Beispiele: «HAST du den Korb? / Ich HABE das Geld schon bereit. / Ein Kind auf dem Arme HABEN».

In der Nachfolge dieser beiden für die klassische deutsche Literatur charakteristischen Wörterbücher verändern die Wörterbuchmacher seit der Mitte des 19. Jahrhundert, direkt oder indirekt beeinflusst durch romantisches Gedankengut, von Grund auf ihre lexikographischen Absichten. Sie stellen ihre normativen Zwecke zurück und denken bewusst historisch. Es sind in erster Linie die Brüder Grimm, Jacob und Wilhelm, die im Jahre 1854 gemeinsam den ersten Band ihres «Deutschen Wörterbuches» vorgelegt haben. Es war den beiden Brüdern nicht vergönnt, bei weitem nicht, dieses monumentale Wörterbuch zu vollenden. Erst mehr als hundert Jahre später ist das Werk im Jahre 1961 im Umfang von 32 Bänden zum Abschluss gebracht worden. Inzwischen liegt es sogar in einer ungekürzten Taschenbuchausgabe vor (1984).

Der ausführliche Wörterbuchartikel zu dem Verb HABEN, der 32 großformatige Spalten umfasst, ist erst in den Jahren 1867 bis 1877 gedruckt worden. Ihr Verfasser ist Moritz Heyne, der sich mit Erfolg bemüht hat, dieses wichtige Wort der deutschen Sprache ganz im sprachhistorischen Geiste der Brüder Grimm zu beschreiben. Und so geht auch dieser Artikel des Grimm'schen Wörterbuches, ebenso wie die entsprechenden Artikel bei Adelung und Campe, von der «sinnlichen grundbedeutung» des Wortes im Sinne von «halten, fassen, umfassen» aus, mit starker Betonung aller Aspekte, die Körperlichkeit anzeigen. Aus heutiger Sicht ist besonders bemerkenswert, dass erst im Abschnitt II 3, nachdem schon neun großformatige Spalten des Wörterbuchartikels voraufgegangen sind, die Bedeutung dieses Verbs im Sinne von «zu eigen HABEN, im besitze HABEN» beschrieben wird. Die Beispiele dafür lauten: «geld / ein grosses haus in der Residenz / ein hübsches vermögen HABEN».

*

Im 20. Jahrhundert geraten die repräsentativen Wörterbücher der deutschen Sprache mehr, als ihnen bekömmlich ist, unter den Einfluss politischer und wirtschaftlicher Kräfte. Das zeigt sich, wie unter einem Vergrößerungsglas, an der Lexikographie der Wortfamilie HABEN. Wir überschlagen aber die erste Hälfte dieses unseligen Jahrhunderts und setzen mit unseren Beobachtungen erst in den Jahren der deutschen Teilung ein. Da entsteht in der Deutschen Demokratischen Republik (DDR) das «Wörterbuch der deutschen Gegenwartssprache» (1964–1977). Dieses Wörterbuch, das mit seinen sechs Bänden von einem «Autorenkollektiv» unter der Leitung von Ruth Klappenbach und Wolfgang Steinitz erarbeitet worden ist, hat seinen Hauptwert darin, dass es zu einem erheblichen Teil auf einem eigenen Korpus von schriftlichen und mündlichen Texten der deutschen Sprache beruht. Doch können wir es heute zugleich lesen als Zeugnis eines gelebten Konflikts zwischen den hohen Ansprüchen einer wissenschaftlich soliden Lexikographie und den ideologischen Pressionen eines Regimes, denen sich die Berliner Wörterbuchmacher nicht vollständig entziehen konnten oder wollten.

Davon gibt schon die Auswahl der als Gewährsleute für den Sprachgebrauch zitierten Autoren ein anschauliches Bild. Bei dem Verb HABEN ist deutlich ein streng symmetrisches Schema der über den ganzen vierspaltigen Artikel verteilten Zitate erkennbar:

Ältere und neuere Klassiker	Zeitgenössische Autoren aus der DDR	aus der Schweiz	aus der «BRD»
Goethe Th. Mann (2 ×) Remarque Tucholsky	Anna Seghers Erwin Strittmatter (2 ×)	Max Frisch (3 ×)	Barbara Bronnen Martin Walser

Man sieht, wie peinlich genau hier das Gleichgewicht zwischen der DDR und der «BRD» (so musste es damals für DDR-Autoren heißen) beachtet wird, mit der (unverfänglichen) Klassik und der (neutralen) Schweiz als zwei nahezu äquivalenten Pufferzonen.

Bei den nicht namentlich belegten Beispielsätzen lesen wir sodann, dass die Kinder im Geschichtsunterricht der DDR gerade die Oktoberrevolution HABEN. Und bei den Sprachfächern HABEN sie neben Deutsch auch Russisch. Aber aufgepasst! Da steht auch: «Früher HATTEN wir kein Russisch». Auch an weiteren Textstellen ist bei der Verteilung der verneinten und der fragenden Sätze ein auffälliger Umgang zu beobachten, gewissermaßen mit Augenzwinkern, zum Beispiel: «Diese Ware ist überall zu HABEN; das Buch ist leider nicht mehr zu HABEN». Es gibt noch eine andere Mangelware, die in der damaligen DDR als südländisches Sehnsuchtsobst begehrt und eben nicht zu HABEN war, daher die sicher listig gemeinte Frageform: «HABEN Sie Apfelsinen?» Hintersinnig ist wahrscheinlich auch der folgende Beispielsatz zu lesen: «Bis zur Grenze HATTEN sie noch drei Kilometer». Wenn es so sehr auf den Abstand von der Grenze ankommt, kann eigentlich nur die emotional betrachtete «Zonengrenze» (so der westliche Sprachgebrauch) gemeint sein.

Für die empfindlichste (und zugleich versteckteste) Abwendung von den klassischen Wörterbüchern der Adelung, Campe und Grimm haben sich die Berliner Wörterbuchmacher eine schwerwiegende Umorganisation des HABEN-Artikels einfallen lassen. Sie haben die körperlich-anthropologischen Beispiele, die bei den Altmeistern aus wohlerwogenen Gründen an die Spitze des HABEN-Artikels gerückt waren, zurückversetzt und statt ihrer gleich unter Punkt 1 dem Besitz und Eigentum Raum gegeben. Und so stehen nun gleich am Anfang des Katalogs möglicher Objekte, die jemand HABEN kann, Haus und

Auto im Vordergrund, und erst an späterer Stelle wird verzeichnet, dass man auch Frau und Kinder HABEN kann. Für diese Verkehrung der klassisch-lexikographischen Üblichkeit ist ein sachlicher Grund nicht erkennbar.

Aber einen sehr menschlichen und in diesem Sinne unsachlichen Grund gibt es vielleicht doch. Dieser wird erkennbar, wenn man den HABEN-Artikel des DDR-Wörterbuchs mit Aufmerksamkeit weiterliest. Denn nächst Haus und Auto, die er oder sie laut Wörterbuch HAT, geht es mit dem Katalog der Habitus-Objekte noch weiter, und wir erfahren mit einiger Überraschung, dass die vorgestellte Person außerdem eine große Bibliothek mit vielen Büchern, alten Handschriften und seltenen Ausgaben HAT und dazu noch eine wertvolle Porzellansammlung. Mit einem Wort: Dieser kleine Katalog von denkbaren HABITUS-Objekten malt mit wenigen Strichen eine bildungsbürgerliche Nische als Idylle aus, wie sie nur schwerlich, außer im Modus der Nostalgie oder Ironie, mit der notorischen Tristesse des DDR-Alltags in Einklang zu bringen war. Vielleicht ist auch dieser seltsame Umsturz einer bewährten Wörterbuchordnung das Zeugnis eines, wenn ich so sagen darf, angepassten Widerstands, von dem ich gerne wüsste, was wohl die Brüder Grimm, zwei der «Göttinger Sieben», von solcher lexikographischen Widerstandskunst gesagt oder gedacht HÄTTEN.

*

Mit rund einer Dekade Verspätung gegenüber den Kollegen von der Ost-Berliner Akademie hat auch die Dudenredaktion in Mannheim den Sprung von dem zwar höchst nützlichen, aber doch kleinwüchsigen Rechtschreib-Duden in die größere Dimension der Lexikographie gewagt und geschafft. Für die Verspätung verdient sie übrigens keinen Tadel. Ihr Wörterbuch erscheint in einem privatwirtschaftlich geleiteten Verlag, der es sich nicht leisten kann, die Regeln der Ökonomie zugunsten politischer Prioritäten außer Acht zu lassen.

So entstand also in den Jahren 1976–1981 unter der verdienstvollen Leitung von Günther Drosdowski «Das große Wörterbuch der deutschen Sprache» in sechs Bänden, das später noch auf acht und zehn

Bände erweitert worden ist. Es beruht ebenfalls auf einer umfangreichen eigenen Korpussammlung und ist mit dudentypischer Professionalität gemacht. In zweierlei Hinsicht muss sich dieses Wörterbuch jedoch einen kritischen Kommentar gefallen lassen.

Der erste Einwand bezieht sich auf das gewählte Referenz-Korpus. Aus sehr problematischen Gründen hat nämlich die Dudenredaktion damals die fatale Entscheidung getroffen, die ganze deutsche Literatursprache, vom klassischen Zeitalter bis 1900, aus ihrem Konzept der Gegenwartssprache fernzuhalten. Ich habe seinerzeit in langen Diskussionen mit Mitgliedern der Redaktion leidenschaftlich die Position verteidigt, dass die Sprache unserer Klassiker (im weitesten Sinne des Wortes) selbstverständlich zur Sprache der Gegenwart «noch dazugehört», sofern die deutsche Sprache weiterhin als Kultursprache gelten soll. Mit der zweiten Fassung des Wörterbuchs und der Erweiterung auf acht Bände (1993–1995) ist dann dieser Konzeptfehler korrigiert worden, und man kann nunmehr wieder im Wörterbuch nachschlagen, was bei Lessing ein «Stockjude» ist, nämlich ein orthodoxer Jude und nicht etwa ein Jude mit einem Stock.

Der zweite Einwand, der mit dem ersten eng zusammenhängt, betrifft wiederum die Konstruktion des HABEN-Artikels in diesem Wörterbuch.[3] Auffällig ist nämlich in allen Fassungen des großen Duden-Wörterbuchs die gleiche Umkehrung der alt-lexikographischen Prioritäten, wie sie schon beim Ost-Berliner Wörterbuch der deutschen Gegenwartssprache, dort aber unter nostalgischen Vorzeichen, festzustellen war. Die Bedeutungsbeschreibung beginnt beim Duden wie folgt:

> I.1.a (*als Eigentum oder Ähnliches) besitzen, sein Eigen nennen:* ein Haus, ein Auto, viele Bücher HABEN, einen großen Besitz, viel Geld, Eigentum, Vermögen HABEN; Nach acht Tagen HATTE er kein Geld mehr und fuhr nach Hause (Böll): Immer wieder deutet er an, er HABE einiges an Pfandbriefen (Chotjewitz); ich möchte, will das HABEN; Leute, die HATTEN, was er nicht hoffen konnte zu HABEN (Johnson); sie HAT nichts (umgangssprachlich; *HAT keinerlei Besitz,* ist arm) […]

Auch der Duden hat somit beim HABEN, nun aber ohne erkennbare Vorbehalte, den Besitz und das Eigentum, also die beweglichen und unbeweglichen Sachen, an den Anfang der Bedeutungsbeschreibung gesetzt und diesen damit eine Prominenz gewährt, die sie gegenüber den Personen nicht verdienen. Eine solche Verdinglichung ist nicht leicht zu nehmen. Zeigt sie vielleicht sogar an, dass ein deutsches Bildungsbürgertum sich nur noch als Besitzbürgertum verstehen will? Es sieht jedenfalls so aus, als könne man aus Wörterbüchern nicht nur Wörter lernen.

- 11 -

ANDERE SPRACHEN HABEN ANDERS – MIT EMILE BENVENISTE

1938. Gerade bin ich auf dem Gymnasium angenommen worden. Doch heißt es in jenem Jahr nicht mehr so, sondern Oberschule. Auch die bunten Gymnasiastenmützen, grün für die Sexta, sind gerade abgeschafft worden.

Die erste Fremdsprache ist Englisch. Unser Englischlehrer wird sehr bewundert. Er ist der einzige Lehrer der Schule, der ein Auto besitzt. Es parkt während der Schulzeit auf dem Schulhof. Wir nennen unseren Englischlehrer Isi. Die englische Sprache ist tatsächlich *easy*, so kommt es mir wenigstens vor. Wie leicht ist doch zu lernen: «Ich HABE ein Buch» – das heißt auf Englisch beinahe genau so: *I HAVE a book*! Doch müssen wir auch die «Stammformen» lernen, die aber nur ein bisschen unregelmäßig sind: *to have – had – had*. Warum muss man nur immer die Präposition *to* hinzusetzen, wenn man doch nur einfach etwas HABEN will? Das ist nun mal so.

In unserem Mietshaus wohnt in jenem letzten Vorkriegsjahr ein etwa gleichaltriger Amerikaner. Von Zeit zu Zeit erprobe ich bei ihm mein Englisch. Seltsam ist, dass er statt *I have* meistens *I've* sagt. Den einen Konsonanten [v], der HABE oder HABEN bedeuten soll, hört man kaum. Doch nicht selten sagt er auch: *I've got* oder auch nur: *I got*. In Isi's Englisch hört man solche Formen nie. Ist das nun «Slang»?[1] Ich weiß wohl, *to get – got – got*, das heißt eigentlich «kriegen». Das ist auch so ein Wort, das dürfen wir höchstens auf dem Schulhof gebrauchen, keinesfalls im Klassenraum schreiben. Müssen wir dabei an «Krieg» denken?

1939. Nun ist der Krieg da. Im Schulgebäude hängt ein großes Transparent: «ES IST KRIEG MIT ENGLAND». Wieso nur mit England? Englisch lernen müssen wir jedenfalls weiterhin. Um diese Zeit zieht die Familie meines Amerikaners aus. Sie kehrt in die Vereinigten

Staaten zurück. In die freie Wohnung zieht ein Gauredner der Partei ein. Ich solle fleißig Englisch lernen, ermahnt er mich: «die Sprache des Feindes».

*

1940. Von der dritten Klasse an, also ab Quarta, HABEN wir als zweite Fremdsprache Latein. Nun wird die Grammatik ein ganzes Stück schwieriger, auch die Lektion mit HABEN. Zunächst sieht es gar nicht nach Schwierigkeiten aus, denn wir lernen für HABEN: *habere, habeo, habui, habitum*. Also: «Der römische Bauer HAT viele Äcker» heißt auf lateinisch: *Rusticus Romanus* HABET *multos agros*.

Dann aber, sehr ärgerlich für unser Verständnis: «Ich HABE einen Freund», dafür müssen wir lateinisch sagen: *Mihi amicus* EST, das heißt wörtlich: «Mir IST ein Freund». Und dazu gibt es auch gleich den passenden Begriff aus der Grammatik: *dativus possessivus*. Der Dativ *mihi* («mir»), so lerne ich, steht als Kasus der Zuwendung. Hier ist nun nicht nur etwas zu lernen, sondern umzulernen. Der Freund ist einer, der mir zugewandt ist. So gehört er doch zu mir. Das lässt sich hören. Und so weiß ich auch heute noch, dass man im Lateinischen für HABEN (etwas vereinfacht ausgedrückt) bei Sachen *habet*, bei Personen jedoch meistens *mihi est* sagt. Die Römer, so scheint es, HABEN eben ein bisschen anders als die Germanen.

*

Was sodann die romanischen Sprachen betrifft, die ja aus dem (Vulgär-)Latein entstanden sind, so hielten sie für mich, als ich sie beim Studium der Romanistik erlernen wollte, auch noch einige Überraschungen bereit. In den beiden ibero-romanischen Sprachen Spanisch und Portugiesisch werden nämlich die Paradigmen von SEIN und HABEN, außer von lat. *esse* und *habere*, auch noch von Ableitungen aus den lateinischen Ursprungsverben *stare* («stehen») und *tenere* («halten») bedient. Im Spanischen ist demnach zu unterscheiden zwischen den Verben *ser* und *estar*, *haber* und *tener*, zum Beispiel: «*Él* ES *viajero*» [er IST Reisender] / «ESTÁ *de viaje*» [er IST auf Reisen]. Auf diese

Weise wird im Spanischen zwischen einem substantiellen und einem akzidentellen SEIN unterschieden. Gleichfalls im Spanischen wird zwischen dem Verb («Vollverb») und dem Hilfsverb HABEN unterschieden: *«Ella TIENE un coche»* [sie HAT ein Auto] / *«HA hecho su permiso de conducir»* [sie HAT ihren Führerschein gemacht]. Ähnlich in seinen Formen, jedoch teilweise unähnlich in der Verteilung auf das Paradigma verhält es sich mit dem HABEN im Portugiesischen.

*

Ein paar Jahrzehnte später. Nun bin ich selber von Beruf Linguist geworden und habe zwei Grammatiken geschrieben, zuerst eine «Textgrammatik der französischen Sprache» (1982), dann eine «Textgrammatik der deutschen Sprache» (1993). In beiden Grammatiken steht auch zum HABEN manches zu lesen, was in diesem Buch nicht wiederholt werden soll. Doch ist andererseits auch hier einiges zu sagen, was nicht unbedingt in jene Grammatiken gehörte. Das trifft insbesondere auf diejenigen fremden Sprachen zu, die es auf interessante Weise mit dem HABEN anders, ja oft ganz anders halten als solche europäischen Sprachen wie Deutsch und Französisch.

Diese Einsichten sind vor allem dem großen französischen Sprachforscher Emile Benveniste (1902–1976) zu verdanken, der in Paris am Collège de France gelehrt hat. Auf das HABEN-Problem ist Benveniste hauptsächlich durch Trendelenburgs philosophische Kritik an den aristotelischen Kategorien aufmerksam geworden (vgl. Kap. 1). Mit ihm hat er die kritische Ansicht geteilt, dass die aristotelischen Kategorien, unter ihnen namentlich SEIN und HABEN, aber ausdrücklich auch die beiden letzten Kategorien, TUN und LEIDEN, alias Aktiv und Passiv, tief in der (alt-)griechischen Sprache verwurzelt sind. In der Formulierung von Benveniste: «Die Denkkategorien sind zuerst Sprachkategorien» [*Les catégories de pensée sont d'abord des catégories de langue*][2].

Als Indogermanist, der aufs feinste die Methoden der historischen und vergleichenden Sprachwissenschaft beherrschte, konnte Benveniste dieses Problem, mit besonderer Berücksichtigung von SEIN und HABEN, vor dem Hintergrund aller indogermanischen Sprachen erörtern. Schließlich hat er auch noch eine Reihe von nicht-indogermanischen Sprachen zum Vergleich herangezogen. Das Ergebnis seiner zugleich theoretisch und empirisch orientierten Forschungen bestätigt zunächst den «Verdacht» von Trendelenburg und besagt: Wäre Aristoteles mit einer anderen Sprache aufgewachsen als mit dem (indogermanischen!) Griechischen seines Zeitalters, so hätte er vermutlich den Katalog seiner Kategorien anders gefasst. Doch will der Linguist Benveniste aus dieser Einsicht keineswegs eine Missachtung der griechisch geprägten aristotelischen Denkkategorien ableiten; denn die Menschen können natürlich auch mit anders geprägten Kategorien richtig denken. Doch denken sie dann vielleicht ein bisschen anders. Das herauszufinden und zu lehren, hat er als eine bleibende Aufgabe für die historische und vergleichende Sprachwissenschaft angesehen.

Was nun das HABEN betrifft, so können die linguistischen Forschungsergebnisse von Emile Benveniste in den folgenden drei Lehrsätzen knapp zusammengefasst werden:

> Die Sprachen HABEN nicht alle gleich. Andere Sprachen HABEN anders.
>
> Die meisten Sprachen der Welt verfügen nicht über ein HABEN nach dem lateinischen Muster *habeo*, sondern folgen eher dem Muster *mihi est*.
>
> Die Verständigung zwischen den Sprachen der Welt ist durch Unterschiede dieser Art nicht gefährdet, da alle bekannten Sprachen irgendwie eine Zugehörigkeit (Benveniste: *pertinence*) ausdrücken können: *Was gehört zu wem?*

Es bestätigt sich also, dass «Zugehörigkeit» (Pertinenz) überhaupt der richtige Name für die aristotelische Kategorie HABEN ist. So verstanden, kann HABEN ohne weiteres eine universale Kategorie des Denkens bleiben, auch wenn es mittels verschiedener Wörter und Wortarten ausgedrückt wird.

– 12 –

MODALITÄTEN DES HABENS

Seiner lexikalischen Bedeutung nach haftet dem Wort HABEN – wenigstens auf den ersten Blick – eine gewisse Ruhe und Statik an. Bei den Sprachhistorikern gilt HABEN daher nicht als Tätigkeitswort im strengen Sinne des Wortes, sondern als «Zustandsverb» (Benveniste: *verbe d'état*). Dazu passt, dass in der deutschen Sprachgeschichte HABEN etymologisch mit HALTEN («festhalten» – vgl. auch «nachhaltig») und mit HEBEN («aufheben» – vgl. auch «erheblich») verwandt ist. Möglicherweise ist HABEN überhaupt eine «durative» Weiterbildung zu dem Verb HEBEN, so dass ihm die «Dauer» schon in die Bedeutung eingeschrieben ist. Und so fügt sich auch die von dem Verb HABEN abgeleitete BEHÄBIGKEIT (bei Goethe noch in der ursprünglichen Bedeutung von «Wohlhabenheit») recht gut in ein ziemlich geruhsames Bedeutungsbild.

Dass es also beim HABEN «immer mit der Ruhe» zugehen soll, wird auch vom Volksmund gerne bestätigt. Es heißt ja bekanntlich: «Gut Ding will Weile HABEN». Beliebt ist daher auch der ruhige Mann, von dem der Volksmund sagt: «Er HAT die Ruhe weg». Schließlich ist auch Biedermanns liebster Wahlspruch nicht zu vergessen, der lautet: «Ich will meine Ruh HABEN!» Insgesamt scheint sich also das HABEN mit der Ruhe weit besser zu vertragen als mit der Unruhe, ob diese nun aus dem Innern kommt oder von außen.

Doch ist diese weithin beliebte Allianz zwischen HABEN und HALTEN einerseits, Ruhe und Frieden andererseits keineswegs ein deutscher Sonderweg. Viele andere Sprachen bezeugen ebenfalls diese Affinität. So hat schon das Lateinische von dem Verb *habere*, das zwar (ungefähr) «haben» bedeutet, aber etymologisch nicht mit dem deutschen Wort HABEN verwandt ist, das Nomen *habitus* abgeleitet (vgl. Kap. 5). Es bezeichnet in seinem Bedeutungskern ein «habituelles» Verhalten. Dementsprechend gibt das lateinische Nomen *habitus* mit seiner europäischen Nachkommenschaft vielfach die Bezeichnung für eine «Gewohnheit» ab, etwa englisch *habit*, französisch *habitude* und italienisch *abitudine*. Dass diese Gewohnheit mit dem «Wohnen» zusammenhängt, bezeugen weiterhin französisch *habiter* («wohnen») und spanisch *habitación* («Zimmer»). So gelangt man mit diesen mehrsprachlichen Indizien für «wohnen» schnell wieder in die Nähe der «gewohnten» und «gewöhnlichen» Ruhe, in die jedoch glücklicherweise durch Immanuel Kant eine wunderbare Dynamik, Bewegung und Unruhe gekommen ist, als er mit seinem «Wahlspruch der Aufklärung» dem aufgeklärten Menschen als *regula maxima* empfohlen hat: «HABE Mut, dich deines *eigenen* Verstandes zu bedienen!» Von dieser Bewegung des Verstandes ist alle Unruhe ableitbar, die durch die Aufklärung in die Welt gekommen ist und hoffentlich in ihr bleibt.[1]

*

Nun hat aber die Sprache auch schon selber dafür gesorgt, dass dem HABEN und seinen Habitus-Objekten eine «gehörige» Portion Unruhe beigemischt wird. Für diesen Zweck sind in der Sprache die Modalverben da, die den Zugang zum HABEN auf vielerlei Art beeinflussen und dabei allerhand Unruhe stiften. Die Energie, mit der das geschieht, stammt aus unterschiedlichen Antrieben, die psychischer, physiologischer oder physischer Natur sein können. Und da zudem die meisten Modalverben in ihren Texten sowohl affirmativ als auch negiert auftreten können, ist auch für Konflikte zwischen den Antrieben und deren Hemmungen reichlich gesorgt.

Die deutsche Sprache begnügt sich mit einer kleinen Zahl von Modalverben, deren finite Formen im Hauptsatz zusammen mit dem Infinitiv HABEN das jeweilige Habitus-Objekt umklammern (in der folgenden Übersicht durch einen Gedankenstrich vertreten, für den man beispielsweise als Objekt «eine Wohnung» einsetzen kann):

	will – HABEN		muss – HABEN
er | sie	soll – HABEN	er | sie	darf – HABEN
	mag – HABEN		kann – HABEN

Alle diese modalen Ausdrücke können auch verneint werden. Es gibt sogar ein nur negativ gebrauchtes Modalverb «BRAUCHT nicht – zu HABEN» (normgerecht immer mit «zu», neuerdings häufig auch ohne «zu» gebraucht oder aber durch «MUSS nicht – HABEN» ersetzt). Eine besondere Erwähnung verdient noch der wichtige, von MÖGEN abgeleitete Optativ «MÖCHTE (gern) – HABEN», der beim Einkaufen in Geschäften und Bestellen in Restaurants fast regelmäßig das Wollen zum Ausdruck bringt.

Wie nun der Zugang zum HABEN durch Modalverben gesteuert und dadurch in Bewegung versetzt wird, zeigt am deutlichsten das Beispiel des am häufigsten gebrauchten Modalverbs: KÖNNEN. Je nachdem ob «er | sie etwa eine feste Anstellung HABEN KANN oder NICHT HABEN KANN», ist der Zugang zur Arbeit frei oder versperrt. Wird man sich nun mit dieser Sperre abfinden und dem Volksmund vertrauen, der immer schon weiß: «Man kann nicht alles HABEN, was man HABEN will»? Der Zusatz jedoch, der hier das Wollen ins Spiel bringt, verrät schon, dass es vielleicht doch Wege gibt, den geruhsamen Zustand in aktive Bewegung zu bringen und dem HABEN Beine zu machen. Wer das aber gar nicht will, muss sich eben mit einem Achselzucken sagen lassen: «Wer nicht will, der HAT schon».

– 13 –

HÖFLICHER HABEN

Höflich zu SEIN statt unhöflich, gute Manieren zu HABEN eher als schlechte: das kennzeichnet im «Umgang mit Menschen» (Knigge) ein Ensemble von lehr- und lernbaren Strategien des sprachlichen und nichtsprachlichen Handelns, die im Fall des Gelingens dazu führen, Schwierigkeiten des Lebens, wie sie niemandem erspart bleiben, nach Möglichkeit zu glätten. So weit die defensive Höflichkeit. All denen jedoch, die sich hoffentlich damit nicht begnügen wollen, ist anzuraten, sich darüber hinaus die Künste der offensiven Höflichkeit anzueignen, die darin bestehen, den Anderen und ganz besonders den Fremden mit Empathie und Sympathie ein gutes Stück Weges entgegenzukommen und es dabei an Phantasie nicht fehlen zu lassen. Mit «bitte» und «danke» ist es dabei nicht getan.[1]

Für die Zielsetzung dieses Buches soll es jedoch ausreichend sein, die Strategien der defensiven Höflichkeit in HABEN-Sätzen zu besprechen, bei denen immer zu beachten ist, dass sie nicht ins Passiv gesetzt werden können (vgl. Kap. 7). Daraus ergeben sich Folgen und Nebenfolgen für den affektiven Status dieser Sätze. Sie können, auch wenn die Situation aus irgendeinem Grunde unter Spannung steht, ihr Subjekt nicht loswerden. Das HABEN lässt sich daher niemals vollständig «objektivieren». Eben dies ist der Grund dafür, dass beim Gebrauch des Verbs HABEN die Vermeidungsstrategien der Höflichkeit häufiger und nachhaltiger zur Wirkung kommen als bei anderen transitiven Verben. Die Formen und Formeln der Höflichkeit sollen nämlich vor allem verhindern, dass eine Zugehörigkeit zur Unzeit ins Spiel gebracht und dann als Zumutung für das Subjekt empfunden wird: als Impertinenz statt als Pertinenz.[2]

Die formalen Strategien der defensiven Höflichkeit bedienen sich vorzugsweise eines dreifach abgestuften Instrumentariums: Konjunktiv, Modalpartikeln und Modalverben. Diese können einzeln oder kumulativ gebraucht werden. Bei dem Verb HABEN sind sie jedoch aus den angegebenen Gründen besonders häufig. Die nachfolgenden Beispiele setzen die Standardsituation einer Wohnungsbesichtigung zu Mietzwecken voraus.

Als erste Stufe der formalen Höflichkeit eignet sich besonders das HÄTTE-Paradigma, das mit seinen sämtlichen Formen hohe Gebrauchswerte erzielt. Das ist schon deshalb bemerkenswert, weil bei anderen Verben, ob sie nun stark oder schwach flektieren (etwa «nähme» zu «nehmen», «mietete» zu «mieten»), die Konjunktivformen oft vermieden und durch eine Umschreibung ersetzt werden («würde nehmen» / «würde mieten»). Das HÄTTE-Paradigma (wie übrigens auch das WÄRE-Paradigma) kann demgegenüber ohne solche Umschreibungen auskommen und wird auch in der mündlichen Alltagssprache reichlich gebraucht. Beispiele:

Ich HÄTTE mal eine kurze Frage: wissen Sie zufällig, wo ...?

HÄTTEN Sie vielleicht eine Skizze der Wohnung, die ...?

Man HÄTTE doch nie daran gedacht, dass hier noch so viele ...

Für die formalen Zwecke dieser konjunktivischen Höflichkeitsstufe kommen, wie die Beispiele zeigen, so gut wie ausschließlich die Formen des restriktiven Konjunktivs (Konjunktiv II) in Frage. Sie sind hier mit der einzigen Aufgabe betraut, die Bedeutung des Verbs HABEN so abzufedern, dass die gemeldete Zugehörigkeit selbst im kleinen Format der Alltagssprache nicht als Zumutung empfunden wird.

Der indirektive Konjunktiv (Konjunktiv I) dient hingegen, wenn er überhaupt gebraucht wird und dann so gut wie nur mit seiner dritten Person («er | sie HABE»), dem ausschließlichen Zweck, in einem Bericht oder einer Erzählung die Verantwortung für das Gesagte einer neutralen Auskunftsperson zuzuschieben, die etwa behauptet hat, «jeder Makler HABE die Pflicht, in jedem Einzelfall zu überprüfen, ob ...». Das ist gleichfalls, wenn man so will, eine Form der Höflichkeit, und zwar der Wahrheit gegenüber.

Eine zweite Stufe der formalen Höflichkeit bedient sich der Modalpartikeln, wie sie in der deutschen Sprache besonders reichlich gebraucht werden. Sie sind ebenfalls immer dann sehr gebräuchlich, wenn die Zugehörigkeiten eines HABEN-Satzes gedämpft oder abgefedert werden sollen.[3] Beispiele:

> HABEN Sie *wohl vielleicht mal* ein Metermaß oder einen Zollstock zur Hand?
>
> Ich HÄTTE *ganz gerne mal* einen kurzen Blick auf die Rechnungen für die Nebenkosten geworfen.
>
> HABEN Sie sich *eigentlich schon mal* aus der Sicht Ihrer Mieter überlegt, ob...?

Die in diese Beispielsätze eingestreuten Modalpartikeln, die bisweilen unzutreffend Füll- oder Flickwörter genannt werden, treten besonders gerne in gesprochenen Dialogen und dann auch noch gehäuft auf, wobei ihre «richtige» Reihenfolge schwer in Regeln zu fassen, aber keineswegs ins Belieben gestellt ist. Es gibt ihrer in der deutschen Sprache etwa dreißig Formen mit unterschiedlichen Bedeutungen und Nuancen. Man lernt sie am besten aus der Praxis kennen. In der schriftsprachlichen Prosa sollten sie nur in sparsamer Dosierung gebraucht werden. Es gibt ja auch noch andere Techniken der stilistischen Dämmung und Dämpfung, durch die sie ersetzt werden können.

Als dritte Stufe der formalen Höflichkeit stellt die deutsche Sprache den HABEN-Sätzen ihr Repertoire an Modalverben zur Verfügung. Diese treten im Dienste der Höflichkeit meistens als Konjunktivformen auf. Es kommen hier vor allem die Formen der Paradigmen KÖNNTE, DÜRFTE und MÖCHTE in Frage, oft in Verbindung mit Negationen. Dabei entsteht jeweils ein zweiteiliges Verb mit dem Modalverb als Vorverb und HABEN als Nachverb. Beispiele:

> *Könnten* wir nicht vielleicht bis zum Wochenende schon eine Antwort HABEN?
>
> *Dürfte* ich wohl einmal für ein paar Minuten den Kellerschlüssel HABEN?
>
> Ich *möchte* doch endlich mal ein etwas günstigeres Angebot HABEN.

Nun soll aber mit dieser kleinen Übersicht über die wichtigsten Strategien der Höflichkeit in Verbindung mit HABEN keinesfalls der Eindruck erweckt werden, als ob es eine unverbrüchliche Sprachnorm gäbe, die dazu verpflichten könnte, sich immer und überall nur höflich auszudrücken. Alles hat bekanntlich seine Zeit, auch die Höflichkeit und Unhöflichkeit im Umgang mit Menschen. Und alle diese Redekünste, ob nun freundlich oder unfreundlich gemeint, können natürlich immer auch übertrieben und damit in ihr Gegenteil verkehrt werden. Dann hilft nur noch der freundschaftliche Rat: «HAB dich nur nicht so!»

– 14 –

HABEN UND NICHT-HABEN IM TABU-TEST

In diesem Kapitel werde ich eine Reihe von Redensarten der deutschen Sprache zitieren. Haben sie das verdient? Sie sind ja, weit entfernt von jeder Maßarbeit, die *Prêt-à-porter* des sprachlichen Ausdrucks. So passen sie zwar auf vieles, aber auf nichts ganz genau[1].

Eben darum sind sie jedoch in manchen Situationen willkommen, wenn man gar nicht besonders genau sein will. Das ist zum Beispiel dann der Fall, wenn ein Sachverhalt, aus welchen Gründen auch immer, irgendwie heikel ist. Dabei gibt es viele Nuancen und Abstufungen. Im Grenzfall können heikle Themen, die sich gleichwohl nicht umgehen lassen, mit einem Tabu belegt werden. Tabu, das ist ein Begriff, der aus der Völkerkunde stammt und in deren Kontext auf heikle Themen in magischen Zusammenhängen angewandt wird. Doch hat seit langem auch der alltägliche Sprachgebrauch den Begriff adoptiert. In dieser gelockerten Bedeutung werden wir hier auch bestimmte Bereiche der Sprache und der damit zum Ausdruck gebrachten Wirklichkeit als Tabu-Zonen bezeichnen. Sie scheinen eine besondere Anziehungskraft auf HABEN-Sätze auszuüben und sind primär in deren Randbereichen zu finden.

Als erstes Beispiel für ein solches Alltags-Tabu soll eine Redensart dienen, die erst in jüngerer Zeit in der deutschen Sprache aufgetreten ist: «Wenn du mir die geliehene DVD nicht zurückgibst, dann HAST du ein Problem». Man versteht, dass in diesem Konditionalsatz eine (kleine) Drohung versteckt ist. Diese wird jedoch nicht in deutlichen Worten als solche ausgesprochen. Vermutlich handelt es sich bei diesem alltäglichen Beispielsatz nicht um einen gewichtigen Streitfall. Sind denn überhaupt «Sanktionen» angebracht, wenn eine DVD längere Zeit zurückgehalten wird? Diese mögliche Reaktion bleibt in der Schwebe, soll vielleicht auch so deutlich gar nicht angesprochen werden. Deshalb ist ein Nomen wie «Problem» mit seiner relativ unscharfen Bedeutung für diesen Fall recht gut geeignet, um als Deckwort für ein Alltags-Tabu zu dienen.

Die Frage, welche Bereiche der sprachlichen Verständigung im Einzelfall tabuisiert werden, kann nicht ein für allemal beantwortet werden. Es sind aber wohl in vielen Fällen Situationen, die emotional unter Spannung stehen wie beispielsweise extremes Glück und extremes Unglück, so wenn jemand etwa sagt: «Da HABEN wir ja mal wieder Schwein GEHABT!» oder auch, ganz im Gegenteil: «Da HABEN wir diesmal aber Pech GEHABT!» Ein Rest von Magie und Aberglauben mag dabei auch in unseren aufgeklärten Zeiten noch mitspielen, sowohl bei extrem unglücklichen Zuständen (die man nicht unnötig «bereden» und somit erneut herbeirufen will) als auch bei extrem glücklichen Zuständen (auf die man nicht das «neidische Schicksal» aufmerksam machen will).

Solche unwillkommenen Nebenfolgen werden in beiden Beispielen durch unverfängliche Deckwörter vermieden, im ersten Fall durch «Schwein» (das bekannte Glücksschwein ist gemeint) und im zweiten Fall durch «Pech» (ursprünglich die mit Pech verschmierte Leimrute, auf der ein «Pechvogel» gefangen wurde). Aus beiden Deckwörtern kann das Subjekt wahrscheinlich ohne größere Mühe den Klartext herauslesen.

Eine zweite Tabu-Zone, die in auffälliger Häufung HABEN-Prädikationen anzieht, ist der Bereich Verstand / Unverstand. Als Leitbeispiele können dienen: «Er | sie HAT aber Köpfchen!» und «Er | sie HAT eine lange Leitung!» Die Deckwörter, mit denen in diesen Beispielen die auffälligen Grenzwerte der Intelligenz verhüllt werden, bestehen wiederum aus Wörtern der Umgangssprache, die von sich aus unverdächtig sind, wenn man von dem kleinen Verdachtshinweis durch die diminutive Form «Köpfchen» absieht.

In enger Verbindung mit der soeben besprochenen Tabu-Zone steht ein weiterer Bereich des extremen Unverstands, der dann vorliegt, wenn die Grenzen zur Verrücktheit erreicht oder überschritten sind. Hier häufen sich ebenfalls die HABEN-Sätze mit verhüllter Semantik. Die nun bevorzugten Deckwörter stammen aus sehr unterschiedlichen Sprachbereichen, zum Beispiel: «Er | sie HAT einen Tick / einen Klaps / einen Knall / einen Hau / eine Macke / einen

Vogel / eine Meise / einen Piep / eine Schraube locker / nicht mehr alle Tassen im Schrank» – oder einfach: «Er | sie HAT sie nicht mehr alle». Gemeinsam ist all diesen Tabu-Ausdrücken eine Art diminutiver Komik.

In dem immer heiklen Grenzbereich von Verstand und Unverstand findet man schließlich auch den sehr produktiven Tabu-Bereich der Trunkenheit mit oft ins Komische verschobenen Deckwörtern wie: «Er | sie HAT einen Schwips» (= leichter Fall) und «Er | sie HAT den Kanal voll» (= schwerer Fall). Wer gerne Witze erzählt oder anhört, findet in seiner Witzrunde ein üppiges Vokabular zur Auswahl von Deckwörtern für die harmlosen Bosheiten der Gemütlichkeit.

*

Als potentielle Tabu-Zone darf in diesem semantischen Zusammenhang schließlich auch der Bereich Reichtum / Armut nicht unerwähnt bleiben, ohne dass er hier in seiner ganzen Tragweite zum gesellschaftlichen Problem gemacht werden könnte. Da findet man ebenfalls viele Habitus-Objekte, die von scheinbar humorigen Deckwörtern verhüllt werden. So scheint insbesondere das Geld, das man zum alltäglichen Gebrauch entweder HAT oder NICHT HAT, eine ziemlich heikle Sache zu sein, die mit solchen weit verbreiteten Deckwörtern wie «Kohle», «Knete» oder «Pinke-Pinke» verharmlost wird. Hier wie auch in allen anderen Tabu-Zonen verbraucht sich dieses Deckvokabular übrigens relativ leicht und wird dann schnell ausgetauscht, je nach dem Milieu der betreffenden Gruppensprache und der in ihr geltenden Sprachmode.

So zeigt es sich auch an unserem nächsten Beispiel, das aus dem Katalog der potentiellen Tabu-Zonen den Bereich Macht / Ohnmacht herausgreifen soll. Hier wird ebenfalls der heikle Gegenstand mit Benutzung von allerhand heterogenem Deckmaterial vorsichtig umschlichen, zum Beispiel: «Er | sie HAT zur Regierung einen guten / schlechten Draht» oder: «Er | sie HAT das richtige / falsche Parteibuch». Das ist Alltagssprache pur.

Natürlich darf in diesem Zusammenhang auch der Bereich Liebe und Sex nicht fehlen, der trotz aller Auf- und Abgeklärtheit immer noch in der einen oder anderen Hinsicht als heikel betrachtet wird und dann Tabu-Strategien auslöst. Hier hat sich nach dem englischen Muster *HAVING sex* auch im Deutschen «Sex HABEN» schnell durchgesetzt.

*

Tabus machen erfinderisch. Und so finden wir in der Sprache auch den folgenden Sonderfall: «Er | sie HAT null Bock auf Shopping / Leistungssport / Photographieren / Betriebsausflüge». Hier ist «Bock» das verhüllende Deckwort, und man findet im präpositionalen Anschluss den Sachverhalt, der «echt» gemeint ist. Diese formal nicht unkomplizierte, inhaltlich aber scheinbar primitiv sich gebende Redensart lässt sich mit fast beliebigen Handlungsbereichen kombinieren, denen auf harmlose Art die Gefolgschaft aufgekündigt werden soll.

Es soll noch angenommen werden, dass die Subjektsperson, die «null Bock auf gar nichts HAT», bei dieser Unlust-Äußerung beobachtet worden ist. Und eine andere Person sieht sich dadurch vielleicht zu einem kritischen Kommentar veranlasst, in dem sie sich ebenfalls einer verneinten HABEN-Prädikation bedient. Diese kann etwa lauten: «Er | sie HAT's wohl nicht so mit der Familie / der Schule / der Bundeswehr / der Landwirtschaft». In dieser kleinen Beispielreihe ist das Deckwort für das Habitus-Objekt zu einem Pronomen im Neutrum («es»/«'s») geschrumpft. Doch ähnlich wie in dem vorhergehenden Beispiel bleibt am Ende noch Platz für einen präpositionalen Anschluss im Klartext.

– 15 –

MARKETING FÜR HAB UND GUT UND FÜR HABSELIGKEITEN

In diesem Kapitel werde ich mir die Freiheit herausnehmen, zu einem Spaziergang durch die virtuelle Sprachwelt einzuladen. Ich lasse dabei meine Phantasie von dem Als-ob einer Werbe-Agentur ausgehen, die in der Sprache damit befasst ist, im öffentlichen Diskurs einige besonders wichtige Vokabeln gut ins Geschäft zu bringen.

Ist so ein Gedankenspiel überhaupt statthaft und mit den Spielregeln des wissenschaftlichen Diskurses vereinbar?

Das dürfte der Fall sein. Es gibt nämlich in der hier einschlägigen Wirtschaftswissenschaft (einer Geisteswissenschaft, wohlverstanden!) zwei historische Präzedenzfälle, die mit einem ähnlichen Verfahren keine schlechten Erfahrungen gemacht haben. Erster Präzedenzfall ist die «unsichtbare Hand» (*invisible hand*), eine ziemlich verwegene Fiktion biblischen Ursprungs, mit der Adam Smith im 18. Jahrhundert zu erklären versucht hat, wieso die Gesamtheit der Marktteilnehmer, auch wenn jeder Einzelne von ihnen nichts als sein eigenes Interesse verfolgt, dennoch einen allgemeinen Wohlstand hervorbringen kann. Selbst ein Philosoph wie Schopenhauer verschmäht es nicht, mit diesem «Begriff» zu hantieren. Zweiter Präzedenzfall, ebenfalls aus der Wirtschaftswissenschaft, ist im 19. Jahrhundert die fiktionale Gestalt des *homo oeconomicus* (Vilfredo Pareto), von dem angenommen wird, dass er sich bei allen Wahlentscheidungen des freien Marktes unbeirrbar von rationaler Einsicht und nie von irgendwelchen Einflüsterungen der Stimmung oder Werbung lenken lässt[1].

In ähnlich fiktionaler Manier soll hier angenommen werden, dass sich die deutsche Sprache seit längerer Zeit von einer Instanz der professionellen Werbung beraten lässt, um zu erfahren, wie die Wortfamilie HABEN möglichst erfolgreich zu vermarkten ist. Dieses Vorhaben ist allerdings dadurch erschwert, dass es der Konkurrenz bereits gelungen ist, für die Begriffe «Besitz» und «Eigentum» eine höchst einträgliche Förderung durch die juristische Disziplin in der Sparte Sachenrecht zu erwirken. In der Tat findet man diese beiden Wörter (aber nicht HABEN!) im Bürgerlichen Gesetzbuch (BGB) in säuberlicher Unterscheidung definiert. Dadurch sind sie bereits zu wissenschaftlich anerkannten Begriffswörtern und zu Markenartikeln promoviert worden.

Unter diesen Bedingungen hat unsere PR-Agentur zunächst versucht, in ähnlicher Weise das Substantiv «die HABE» auf den Markt zu bringen, und zwar hauptsächlich als Kollektivbegriff für alle möglichen Sachobjekte, häufig in summarischen Ausdrücken wie «alle meine HABE» oder «meine ganze HABE». Diese Werbestrategie hat sich jedoch als Fehlschlag herausgestellt. Es hat sich nämlich schnell die Tendenz abgezeichnet, die juristisch abgesicherten Begriffe «Besitz» und «Eigentum» immer dann vorzuziehen, wenn jemand sich ihrer erfreuen kann. Für den Ausdruck «die HABE» blieben dann eher solche Situationen übrig, wo Werte von Verlust bedroht sind. Dementsprechend haben sich auch die Dichter seit der klassischen Zeit angewöhnt, die «HABE» weniger auf «Gabe» als vielmehr auf «im Grabe» reimen zu lassen. So etwa als Schlagreim bei Schiller im Kontext eines Katastrophen-Szenarios (Feuersbrunst) im «Lied von der Glocke»:

> Einen Blick nach dem Grabe seiner Habe
> wendet noch der Mann zurück,
> greift fröhlich dann zum Wanderstabe.

*

Nach diesem Misserfolg mit «HABE» hat sich unsere Werbeagentur jedoch schnell eines anderen besonnen und nunmehr doch einen erfolgreichen Weg eingeschlagen. Es ist ihr nämlich gelungen, dem Sprachgebrauch eine feste Verschwägerung einzupflanzen zwischen HABEN einerseits und der Wortfamilie «gut» (mit «wohl») andererseits. Was also «die HABE» nicht bringt, das leistet doch das «HAB UND GUT», ein fest gefügtes Binomen, das als Redensart schon lange belegt ist und eher freundliche Assoziationen auslöst. Ähnlich angenehm sind die Assoziationen, wenn jemand sich ein erkleckliches GUTHABEN erwirtschaftet hat.

Sind nun diese HABENDEN, im Gegensatz zu den NICHT-HABENDEN, die «Reichen»? Das ist ein Wort, von dessen Gebrauch in der Öffentlichkeit die Agentur dringend abrät, vor allem wenn vom eigenen Besitz die Rede ist. Allenfalls ist es hinnehmbar, sich zu den «Gut- oder Besserverdienenden» oder etwas altertümlich zu den «Gutbetuchten» rechnen zu lassen. Auch zu den WOHLHABENDEN hält man nach außen hin besser einen Sicherheitsabstand ein.

Von der Sprache her gesehen, sind alle Ausdrücke dieser Art «Euphemismen», das heißt nach der griechischen Etymologie «Gut- oder Schönredereien». Man kann sich zu diesem Zweck auch verbal ausdrücken: «etwas schönreden» oder «schönfärben». Für diese behagliche Einstellung gibt es dann auch noch ein eigenes Verb, das ebenfalls aus der HABEN-Familie stammt: «GEHABEN Sie sich wohl!».

*

Damit endet für mich der kurze Ausflug in die fiktionale Welt. Doch nicht für alle Freunde der deutschen Sprache ist das Spiel hier schon zu Ende. Es gab oder gibt auch in der realen Welt, salopp gesagt, eine große Werbe-Agentur für die deutsche Sprache. Als solche hat sich, allerdings nur nebenbei, das «Goethe-Institut zur Pflege und Verbreitung der deutschen Sprache» verstanden. Es hat im Jahre 2004 einen internationalen Wettbewerb ausgeschrieben mit dem Ziel, «das schönste deutsche Wort» zu ermitteln. Aus den ca. 22 000 Einsendungen mit ca. 4000 verschiedenen Wörtern wurde schließlich von einer Jury «das» schönste Wort gekürt: HABSELIGKEITEN. Eine Auswahl aus 150 weiteren sehr schönen Wörtern der deutschen Sprache, herausgegeben von der seinerzeitigen Goethe-Präsidentin Jutta Limbach, ist dann im Jahre 2005 im Druck erschienen. In dieser Publikation ist auch nachzulesen, mit welchen Argumenten die Einsender ihre jeweiligen Vorschläge begründet haben.[2]

So hat Doris Kalka, die mit HABSELIGKEITEN den ersten Rangplatz erreicht hat, ihrem Vorschlag eine längere Begründung beigegeben, aus der hier zwei Sätze herausgegriffen werden sollen. Sie schreibt:

«Lexikalisch gesehen verbindet das Wort zwei Bereiche unseres Lebens, die entgegengesetzter nicht sein könnten: das höchst weltliche HABEN, d.h. den irdischen Besitz, und das höchste und im irdischen Leben unerreichbare Ziel des menschlichen Glücksstrebens: die Seligkeit.» Auch von der Tatsache, dass HABSELIGKEITEN in der deutschen Gegenwartssprache fast nur im Plural und mit diminutiver Nuance vorkommen, hat sich die Einsenderin zu ihrem Vorschlag motivieren lassen. Sie schreibt weiter: «So fassen wir hier die Liebe zu Dingen, allerdings zu den kleinen, den wertlosen Dingen auf als Voraussetzung zum Glück.» Diese Worte lesen sich fast wie ein privater Kommentar zur US-amerikanischen Verfassungsgarantie des «Strebens nach Glück» *(Pursuit of Happiness)*.

Ohne Wert und Gewicht dieser sehr persönlichen Werbung für die HABSELIGKEITEN des alltäglichen Glückshaushaltes in Frage stellen zu wollen, haben nun schon verschiedene Sprachkenner in Leserbriefen darauf aufmerksam gemacht, dass die tatsächliche Sprachgeschichte von der Seligkeit des HABENS eine abweichende Vorstellung anzeigt. Zugrunde liegt nämlich in älterer Zeit eine ursprüngliche Verkleinerungsform, die von dem Nomen HABE nur ein oder mehrere Schnipsel übrig lässt, also ein paar HABSEL. Dazu passen auch einige ähnliche Überbleibsel des Sprachgebrauchs wie zum Beispiel: Anhängsel, Mitbringsel und Geschreibsel. Diese kleinen, aber nicht zu verachtenden HABSEL(N) muss man sich als Herkunft dieses (anfänglich auf der ersten Silbe zu betonenden) Wortes HABSELIGKEITEN vorstellen. Die Seligkeit hat sich erst nachträglich hinzugesellt.

DRITTER ABSCHNITT

Lebenszeit und Körperlichkeit

ALLES HABEN HAT SEINE ZEIT - MIT KOHELET UND HANS BLUMENBERG

«Es ist alles ganz eitel», so beginnt in Luthers Bibelübersetzung das Buch Kohelet (bei Luther wird es dem «Prediger Salomo» zugeschrieben)*. Es kann als das weltlichste Buch der Bibel angesehen werden. Das hebräische Wort *häbäl*, das Kohelet in seinem Buch nicht weniger als 38mal verwendet und das von Luther mit «eitel», von modernen Übersetzern bisweilen mit «Wind» oder «Windhauch» übersetzt wird, ist ganz auf die Zeitlichkeit des menschlichen Daseins gestimmt. Man könnte es fast ebenso gut mit «endlich» oder mit «elendig» wiedergeben. Gemeint ist die kleine und armselige Menschenzeit, die einen äußersten Kontrast zur endlos erscheinenden und in ihrem Sternenglanz strahlenden Weltzeit bildet.

Von dieser Weltzeit gibt Kohelet schon im ersten Kapitel seines Buches einen großartigen Eindruck, der auf eine ewige (zyklische) Wiederkehr des Immergleichen (Vulgata: *circulus, circuitus*) hinausläuft:

> Ein Geschlecht vergeht, das andere kommt. Die Erde bleibt aber ewiglich. Die Sonne geht auf und geht unter und nimmt ihren Lauf dahin, wo sie wieder aufgeht. Der Wind weht von Nord nach Süd und in der Gegenrichtung von Süd nach Nord. Alle Flüsse fließen ins Meer, doch das Meer wird davon nicht voller. Zu den Quellen, aus denen sie kommen, zu denen fließen sie zurück. [...] Und es geschieht nichts Neues unter der Sonne.
>
> (Kohelet I, 4–9)

* Die Bibel wird in diesem Buch grundsätzlich zitiert in der Sprachform, mit der sie im deutschen Sprachraum gewirkt hat. Das ist maßgeblich die Luther-Bibel, deren Wortlaut beibehalten ist, jedoch mit gewissen Modernisierungen des Sprachgebrauchs (z. B. «Frauen» statt «Weiber»). Ergänzend wird, wenn es sich ergibt, die lateinische Bibel in der Vulgata-Fassung hinzugezogen. Zu den Äquivalenten des Wortes HABEN in den historisch zugrunde liegenden Sprachen Hebräisch, Aramäisch und Griechisch verweise ich auf das Kap. 11: «Andere Sprachen HABEN anders».

Dieses Anschauungsbild ist, trotz des Wortes «ewiglich» (Luther), kein Abbild der Ewigkeit Gottes, sondern Ausdruck menschlichen Staunens über die Dimensionen einer Welt, die nach Zeit und Raum alle subsolaren Vorstellungen sprengt und den Menschen sprachlos macht. Und so wendet sich der biblische Autor bald ganz der kleinen Menschenzeit zu, die vor dem unermesslichen Horizont der Weltzeit ihre Nichtigkeit oder «Eitelkeit» erfährt: «*vanitas vanitatum*», wie es in der Vulgata heißt. Indes ist diese armselige Menschenzeit keineswegs leer. Sie ist von allem möglichen Menschenwerk besetzt, wie es in seiner Fülle durch keinen Plural erschöpfend erfasst werden kann.

Das ist der kosmologische und anthropologische Horizont, vor dem Kohelet im dritten Kapitel seines Buches zu seiner großen Litanei und Elegie der Endlichkeit anhebt. Sie hat 14 Stationen zu je zwei gegensätzlichen Positionen. So wird die kollektiv in der Menschenzeit verborgene Pluralität der Endlichkeiten in 28 Habitus-Objekten offengelegt. Der biblische Text soll hier in enger Anlehnung an Luthers Übersetzung ungekürzt wiedergegeben werden, da sonst die breit gefächerte Pluralität dieses «eitlen» Tuns nicht voll erfasst werden kann:

«Ein jegliches HAT seine Zeit, und alles Tun unter dem Himmel HAT seine Stunde:
eine Zeit zum Geborenwerden und eine Zeit zum Sterben;
eine Zeit zum Pflanzen und eine Zeit zum Ernten;
eine Zeit zum Töten und eine Zeit zum Heilen;
eine Zeit zum Niederreißen und eine Zeit zum Aufbauen;
eine Zeit zum Weinen und eine Zeit zum Lachen;
eine Zeit zum Klagen und eine Zeit zum Tanzen;
eine Zeit zum Steinewerfen und eine Zeit zum Aufsammeln;
eine Zeit zum Umarmen und eine Zeit zum Loslassen;
eine Zeit zum Suchen und eine Zeit zum Verlieren;
eine Zeit zum Behalten und eine Zeit zum Wegwerfen;
eine Zeit zum Zerreißen und eine Zeit zum Vernähen;
eine Zeit zum Schweigen und eine Zeit zum Reden;
eine Zeit zum Lieben und eine Zeit zum Hassen;
eine Zeit zum Kriegführen und eine Zeit zum Friedenschließen.

(Kohelet III,1–8)

So wie hier in deutscher Sprache nachgeschrieben, notierte diesen Katalog im 3. Jahrhundert vor Christus der biblische Prediger Kohelet, der vielleicht, seinen eigenen Worten zufolge, mit dem weisen König Salomon identisch ist, von dem man weiß, dass er eines Tages freiwillig auf seine Krone verzichtet hat.

*

Der alle irdischen Vorstellungen übersteigende Kontrast zwischen der fast unendlichen Weltzeit und dem Ärgernis der allzu endlichen Menschenzeit ist nicht nur biblisches Thema. Er beherrscht auch schon die Gedanken der weltlichen Philosophen seit den Anfängen der griechischen Naturphilosophie (6. Jh. v. Chr.), als die Philosophen noch die Hoffnung hatten, alle Formen der Zeit, ob sie nun am Himmel oder auf Erden zu beobachten waren, mit dem gleichen Maß messen zu können. Sokrates war der erste, der diesen Ehrgeiz nicht mehr teilte. Unbeeindruckt von den Superlativen der astronomischen Dimensionen, hat er die Philosophie vom Himmel herabgeholt auf die Erde, wo Menschen leben, denen zu zeigen ist, wie sie auch in ihrem Innern Zeitliches und Ewiges suchen können. Doch finden wir sehr viel später bei Kant noch einmal beide Extreme zusammen gedacht in seinem oft zitierten Wort von dem «gestirnten Himmel über mir» und dem «moralischen Gesetz in mir» als den letzten Instanzen für die Orientierung persönlichen Handelns nach den Gesetzen der praktischen Vernunft[1].

Unter den neuzeitlichen Philosophen ist es vor allem Hans Blumenberg (1920–1996), der seine Leser noch einmal zu Kohelet zurückführt und in seinen philosophischen Schriften dem großen Konflikt zwischen den genannten Grundformen der Zeit reichlichen Raum gibt, vor allem in seinem Buch «Lebenszeit und Weltzeit» (2001). Blumenberg ist in seinem ganzen Leben wie kein anderer Philosoph seiner Generation fasziniert gewesen von der Pracht des gestirnten Himmels über ihm und von der Maßlosigkeit aller Zeitverhältnisse, die am und im Weltraum von Astronomen und Astronauten zu beobachten sind: «Die Welt prahlt vor dem Leben mit der Zeit, […] die sie HAT.» Es sind gewaltige Zeitmengen, denen offenbar kein Genügen beikommen kann.[2]

Sind solche überwältigenden Zeitverhältnisse wenigstens messbar? Das ist offensichtlich der Fall. Das Weltall ist tatsächlich viel weiter, als es die körperlichen Sinne zulassen, messbar und berechenbar. Ist es auch beherrschbar? Das bleibt eine offene Frage. Blumenberg schreibt dazu, dass vom Menschen im Ansehen der Sterne zwar vielleicht gesagt werden kann, dass er das Maß aller astronomischen Dinge «HAT», doch nur mit der gewichtigen Einschränkung dass er dieses nicht IST. Denn die endliche Menschenzeit, verstanden als «das eine und einzige Leben, das einer HAT», kann im Kontrast zur unergründlichen Weltzeit ebenso gut als HABEN wie als NICHT-HABEN beschrieben werden. Blumenberg schreibt: «Die zum Erlebnis werdende Welt fordert dem Leben den Preis seiner Zeit ab – seiner ganzen Zeit, eines Mehr an Zeit, als es HAT.» Es nützt folglich auch nichts, «dass ein Wesen mit endlicher Lebenszeit unendliche Wünsche HAT». Es muss unweigerlich vor diesem «Weltmissbefinden» resignieren, einfach weil die Zeit knapp ist. Daraus folgt auch: «Die meisten Erfahrungen, die gemacht werden könnten, werden nicht gemacht, weil wir nicht genug Zeit HABEN.»

Ist Blumenbergs Philosophie eine authentische Denkform unserer Zeit? Ja, denn sie hat viel dazu beigetragen, die *conditio humana* als eine *conditio temporalis* zu verstehen, sowohl beim HABEN als auch – im gleichem Atemzug – beim NICHT-HABEN der Zeit. Insofern hat Blumenberg sich in vielen seiner Schriften die schwerwiegende Frage gestellt, nach welchem Maß eigentlich die Lebenszeit des Menschen so knapp ist. Und er hat die Frage auf seine Art – mit Melancholie und Ironie – beantwortet mit dem Titel eines seiner kleineren Essays (zugleich einer postum herausgegebenen Aufsatzsammlung): Ja, die Menschenzeit reicht für vieles aus, muss wohl ausreichen, aber nicht für «die Vollzähligkeit der Sterne».

*

Die Philosophie sollte sich auch im gewöhnlichen Leben bewähren können. Darüber gibt auch in dieser Hinsicht die Sprache Auskunft. Die von Hans Blumenberg so genannte Weltzeit wird im gewöhnlichen Leben vor allem in meteorologischer oder klimatischer Anwendung wahrgenommen. Sie steht den Berechnungen der Kalender und den Messungen der Uhren nahe. Zum Ausdruck solcher Zeitverhältnisse bieten sich vor allem SEINS-Sätze an, zum Beispiel:

Wir SIND noch jung / ihr SEID im Rentenalter

Wir SIND doch nicht mehr im 20. Jahrhundert!

Wie spät IST es? / IST schon Mittag?

Gestern WAR noch Winter / heute IST schon Frühling

Wenn jedoch die Zugehörigkeit der Zeit und des Wetters zum Leben der Menschen ausdrücklich besprochen werden soll, häufen sich im Sprachgebrauch die HABEN-Sätze, zum Beispiel:

Wir HABEN eine beschwerliche Jugend / ihr HABT ein sorgloses Alter

Wir HABEN einen verregneten Sommer / wir KRIEGEN doch noch herrliches Wetter

Wie spät HABEN wir es denn? / HABEN wir schon Feierabend?

Während diese beiden Beispielgruppen noch eine gewisse Ausgewogenheit zwischen SEIN und HABEN erkennen lassen, verschieben sich die Gewichte immer dann noch weiter zum HABEN hin, wenn zivilisatorisch und institutionell geregelte Zeitverhältnisse in Betracht gezogen werden. Das gilt in besonderem Maße für alle Fristen, das heißt, für solche kürzeren oder längeren Zeitabschnitte, die einem festgelegten Endpunkt («Termin») entgegenlaufen. Es heißt daher regelmäßig:

Er HAT Aufsicht / Dienst / Sprechstunde / Urlaub / Mittagspause / Feierabend / Verspätung

Sie HAT eine Verabredung / eine Besprechung / einen Arzttermin / eine Telefonkonferenz / Klavierstunde / zwei Jahre Garantie

Wir HABEN geregelte Arbeitszeit / Teilzeit / Kurzarbeit / Überstunden / Probezeit

Sie HABEN Kredit / Schulden / Bedenkzeit / noch Aufschub / Schonfrist / eine (letzte) Chance

In existenziell-ontologischer Hinsicht kann sogar das ganze Leben, das den Menschen zu leben gegeben ist, als befristete und insofern als knapp bemessene Zeit angesehen werden. Doch ist das Ende der «Laufzeit» für gerade diese Frist unbekannt. Blumenberg nennt das «die Gnade einer unbekannten Frist».[3]

– 17 –

HABEN UND NICHT-HABEN IM DIESSEITS UND JENSEITS – MIT JESUS UND DEM APOSTEL PAULUS

Der Psalm 115 des Alten Testaments hat theologisch ein besonderes Gewicht dadurch, dass er den monotheistischen Glauben Israels («Unser Gott IST im Himmel») mit dem Polytheismus (dem «Götzendienst») der Heiden konfrontiert. Von diesen heißt es mit scharfen Worten: «Sie HABEN Münder und reden nicht. Sie HABEN Augen und sehen nicht. Sie HABEN Ohren und hören nicht». Diesen Psalm muss auch Jesus im Sinn haben, wenn er an seine Zuhörer die Aufforderung richtet: «Wer Ohren HAT zu hören, der höre!» (Mark. 4,23). Diejenigen aber, die nicht an ihn als den Erlöser Israels glauben wollen, müssen sich mit den Psalm-Worten tadeln lassen: «Ihr HABT Augen und seht nicht. Ihr HABT Ohren und hört nicht» (Mark. 8,18). Bei diesen Worten ist auch zu bedenken, dass Jesus nie anders als mündlich gelehrt hat, von Angesicht zu Angesicht.

In diesen Zusammenhang gehört auch eine von den Evangelisten mehrfach zitierte und sogar sprichwörtlich gewordene Bibelstelle, die auf den ersten Blick irritieren muss: «Wer da HAT, dem wird gegeben werden, und er wird es in Fülle HABEN. Wer aber NICHT HAT, dem wird auch das, was er HAT, noch genommen werden» (Matth. 25, 28). Diese auf den ersten Blick «unchristliche» Lehre (unter Ökonomen als «Matthäus-Effekt» bekannt) darf jedoch nicht vordergründig auf materiellen Besitz und die Bedingungen seiner Vermehrung im neuzeitlichen Wirtschaftsleben bezogen werden. Sie steht bei Matthäus im bildlichen Kontext verschiedener Gleichnisse, die von der Fruchtbarkeit des Gotteswortes handeln. Mit diesem biblischen HABEN ist also eine Disposition und Glaubensbereitschaft gemeint, die ein Hörer des Gotteswortes nicht nur für sich erwerben, sondern fruchtbringend auch an andere weitergeben soll.

Bei der Botschaft, die Jesus im Neuen Testament verkündet, ist der

Einsatz hoch. Es geht um das «ewige Leben». Und so predigt er vielerorts mit fast den gleichen Worten: «Wahrlich, wahrlich, ich sage euch, wer an mich glaubt, der HAT das ewige Leben» (Joh. 6, 47). Diese Verheißung wird gelegentlich gleichzeitig in einem SEINS-Satz ausgedrückt: «Ich BIN das Licht der Welt; wer mir nachfolgt, [...] WIRD das Licht des Lebens HABEN» (Joh. 8, 12).

In einer anderen und für manche Erwartungen seiner Jünger offenbar schwer begreiflichen Ausdrucksweise lautet die Botschaft so: «Wahrlich, wahrlich, ich sage euch [...]: Wer mein Fleisch isst und mein Blut trinkt, der HAT das ewige Leben, und ich werde ihn am Jüngsten Tage auferwecken» (Joh. 6, 53). Viele seiner Anhänger nehmen an dieser Rede Anstoß, und nicht wenige von ihnen verlassen den Meister. Nicht so Simon Petrus. Als Jesus ihn im Kreis der Apostel fragt, ob auch er ihn verlassen will, entgegnet ihm Petrus mit aller Kraft seines Glaubens: «Herr, wohin sollen wir gehen? Du HAST Worte des ewigen Lebens» (Joh. 6, 68).

*

Augen, um Jesus zu sehen, und Ohren, um seine Lehre zu hören, hätte der Rabbi Saulus von Tarsus wohl gehabt. Doch hat er zu Lebzeiten Jesu nicht zum Glauben gefunden. Erst eine wundersame Erscheinung, sein «Damaskus», hat ihm Augen und Ohren geöffnet und aus dem fanatischen Christenverfolger Saulus den Apostel Paulus gemacht.

Als Apostel war Paulus der wortmächtigste und erfolgreichste Prediger des neuen Glaubens. Ohne ihn ist die geschichtliche Entwicklung des Christentums von einer jüdischen Sekte zu einer Weltreligion nicht vorstellbar. Die Werkzeuge des Geistes, die diesem Apostel, auch ohne formale Schulbildung, zu Gebote standen, waren in der griechisch-römischen Welt von den «freien Künsten» der Rhetorik und Dialektik her gut bekannt, doch wurden sie kaum je so virtuos praktiziert wie von diesem «Intellektuellen» (Bruce Chilton).[1]

Das für Paulus besonders charakteristische Denkmodell hat in der neueren Theologie einen Namen erhalten, der aus der griechischen Bibelsprache abgeleitet ist: *Kenosis*.[2] Dieser Begriff bedeutet wörtlich

«Entäußerung». Gemeint ist, dass der große und allmächtige Gott sich seiner Gottheit so weit «entäußert» hat, dass er seinen eingeborenen Sohn dahingegeben hat, damit er als Mensch unter Menschen lebt und für sein Erlösungswerk den Tod auf sich nimmt, «ja sogar den Tod am Kreuze». *Kenosis*, das ist aber auch nach der Rhetorik ein *Oxymoron*, nach der Logik und Dialektik ein *Paradoxon*, also in beiderlei Hinsicht eine Vereinigung des Unvereinbaren in einem Glaubenssatz für Christen, denen über alle Entäußerung hinweg die Verheißung der Erlösung und des ewigen Lebens zuteil geworden ist.

Auch in der damaligen Weltstadt Korinth, wo der Apostel Paulus auf einer seiner Missionsreisen eine christliche Gemeinde gegründet hat, erwarten viele Gläubige für die nahe Zukunft die baldige Wiederkehr des Messias und in Gemeinschaft mit ihm die Teilhabe am ewigen Leben. Doch nun befinden wir uns bereits in den fünfziger Jahren des ersten nachchristlichen Jahrhunderts, und die Einlösung der Verheißung lässt auf sich warten (was die Theologen die «Parusie-Verzögerung» nennen). Mehr als in anderen Städten nimmt in der lebhaften Weltstadt Korinth die Ungeduld der Christen kritische Formen an. Und sie stellen gerade ihm, dem intellektuellen Apostel, der zudem römischer Bürger ist, skeptische Fragen, in erster Linie diese: Verträgt sich der Wartestand, in dem wir Christen uns für kurze Zeit noch befinden, mit dem Ehestand, der doch darauf beruht, ein Leben lang eine Frau/einen Mann zu HABEN?

Durch Fragen und Nachfragen dieser Art wird Paulus gerade von den besorgten Korinthern gedrängt, seiner «großen» Predigt vom Christ-SEIN eine «kleine» Predigt über das christliche HABEN beizugeben. Es versteht sich für Paulus, dass diese nur für eine kurze (wörtlich: eine abgekürzte) Zeitspanne gelten soll bis zur endgültigen Umwandlung der diesseitigen in die jenseitige Welt. Diesem Ansinnen kommt Paulus in seinen beiden Pastoral-Episteln an die Korinther (55/56 n. Chr.) nach. Zunächst schreibt Paulus in seinem ersten Brief (1. Kor. 7, 29 ff. – nach dem Luther-Text mit Vergleichsstellen aus der Vulgata):

> Das sage ich aber, liebe Brüder, die Zeit ist kurz [*tempus breviatum est*]. Weiter ist das die Meinung, die da Frauen HABEN, dass sie SEIEN, als HÄTTEN sie KEINE [*ut et qui habent uxores, tamquam non habentes sint*]. Und

> die da weinen, als weinten sie nicht. Und die sich freuen, als freuten sie sich nicht. Und die da kaufen, als besäßen sie es nicht. Und die von dieser Welt Gebrauch machen, dass sie sie nicht missbrauchen. Denn das Wesen dieser Welt vergeht [*praeterit enim figura huius mundi*].

An diesem kleinen Textabschnitt lässt sich zeigen, dass der begnadete Briefschreiber Paulus für eine überzeugende Beantwortung dieser Frage (und weiterer Zeit-Fragen, das HABEN betreffend) die Künste seiner Rhetorik und Dialektik in höchster Konzentration aufbieten muss. Eingespannt in einen Rahmen, der von den zwei Hinweisen auf die kurze Zeit des Wartestandes gebildet ist, steht im Zentrum seiner Antwort das theologische Konzept eines irgendwie «schwebenden» Ehestandes: HABEN «als ob» sie NICHT HÄTTEN.[3]

Doch ist die pastorale Beratung des Apostels eingebunden in eine fünfgliedrige «Auffächerung» (in der alten Rhetorik: Disjunktion, lat. *disiunctio*).[4] Diese rhetorische Figur entspricht in ihrer Form den gespreizten Fingern einer weit geöffneten Hand, die der Redner seinen Zuhörern mit suggestiver Gestik entgegenstreckt mit dem Ziel, ihnen auch das Ungewöhnlichste – hier eine paradoxe Vereinigung von HABEN und NICHT-HABEN – (mit einer altdeutschen Vokabel) «handsam» zu machen. Wenn er sie dazu überredet oder sie sogar davon überzeugt hat, dann gewiss, weil dieses Kernstück seiner «evangelischen Räte» nur für einen kurzzeitigen Ausnahmezustand gelten soll.

Der erste Brief an die Korinther, in dem diese Normen des christlichen Verhaltens formuliert sind, hat dem Apostel in seiner Gemeinde nicht nur Zustimmung eingebracht. Und so lässt Paulus wenig später dem ersten einen weiteren Brief an die Korinther folgen, in dem er einen deutlich milderen und verbindlicheren Ton anschlägt. Auch gewährt er hier seinen Adressaten manchen Einblick in seine persönlichsten und intimsten Gedanken, die er sonst nicht eben leicht von sich gibt. Anscheinend macht auch ihm die unerwartete und schwer vermittelbare Verzögerung bei der Ankunft des Gottesreiches zu schaffen. So rückt in seinem Denken die Geduld als jüngere Schwester der Hoffnung nahe an die ersten Christentugenden heran. Sie steht jetzt in enger Verbindung mit der theologischen Trias Glaube, Hoffnung,

Liebe, die Paulus ebenfalls seinem ersten Korintherbrief anvertraut hat.

Lesen wir nun noch eine weitere und komplementär zu verstehende Textstelle zur paulinischen Theologie des HABENS und NICHT-HABENS, wie sie im zweiten Brief an die Korinther formuliert ist:

> Erweisen wir uns also in allen Dingen als Diener Gottes. (...) Als die Verführer und doch wahrhaftig. Als die Unbekannten und doch bekannt. Als die Sterbenden, und siehe, wir leben. Als die Gezüchtigten und doch nicht getötet. Als die Traurigen, aber doch allezeit fröhlich. Als die Armen, aber die doch viele reich machen. Als die NICHTS INNEHABEN und doch alles HABEN! [*tamquam nihil HABENTES et omnia POSSIDENTES*] (2. Kor. 6, 4–10).

Der Form nach handelt es sich wieder um eine rhetorisch-dialektische «Auffächerung» (Disjunktion), die gleichfalls, obwohl siebengliedrig, die gespreizte Hand eines suggestiv agierenden Redners nachbildet. Und als Instrument der logisch-dialektischen Paradoxie steht dem Apostel wiederum das Als ob (*tamquam* «gleichsam») zur Verfügung. Doch ist die Hand des Redners diesmal in eine andere Richtung ausgestreckt, so dass die Negation zum Diesseits, die Affirmation zum Jenseits weist: NICHT-HABEN, als ob man HÄTTE. Der pastorale Sinn bleibt jedoch der gleiche: NICHTS zu HABEN, ist gar nicht so schwer zu ertragen, da es sich ja nur um eine kurze Zeitspanne handelt. Dem Geiste nach HAT der gläubige Christ schon jetzt ALLES.

Auf diesem dialektisch gewundenen Weg darf der Apostel sich auch wohl einen «Verführer» nennen, da er ja mit dem Aufgebot seiner geistlichen Rhetorik zur Wahrheit verführt (*seductor verax*). So können die Christen von Korinth und die anderen Christen, wenn sie diese Botschaft annehmen, auch in ihrem Wartestand «alle Zeit fröhlich» sein.

*

Die Als-ob-Botschaft, mit der Paulus den Gläubigen in Korinth den verlängerten Wartestand plausibel machte, hat eine bis in die Neuzeit reichende Resonanz in der geistlichen und weltlichen Literatur gehabt. Davon handelt das gelehrte Buch, das Ulrich Fülleborn mit ausdrücklichem Bezug auf Paulus unter dem Titel «Besitzen als besäße man nicht» zu diesem Thema geschrieben hat.[5] Die zahlreichen Zeugnisse dieser literarhistorischen Dokumentation (Friedrich Schlegel, Schleiermacher, Grillparzer, Gotthelf, Rilke und viele andere) bilden insgesamt eine Ehrentafel für diejenigen Autoren, die dem «Besitzdenken» entsagt und in ihren Werken glaubhafte Alternativen einer «nicht-possessiven» Orientierung des Daseins vorgestellt und vorgelebt haben. Ich will die Lektüre seines Buches nachdrücklich empfehlen.

Zum Schluss dieses Kapitels möchte ich von mir aus als literarisches Beispiel für eine zutiefst nicht-possessive, aber gleichwohl positiv HABENDE Orientierung des Lebens an den lutherischen Barockdichter Paul Gerhardt (1607–1676) erinnern. Auch er nimmt in seinen Gedichten und geistlichen Liedern ausdrücklich auf Paulus Bezug[6] und zweifelt mit dem Apostel nicht daran, dass auch nach Jahrhunderten des Wartens auf die Wiederkehr des Erlösers die christliche Geduld nicht am Ende zu sein braucht. Denn der lange «Aufschub» in der Zeit, so ruft er seinem Namenspatron aus der historischen Ferne zu, ist nicht entscheidend, da doch jedem Christenmenschen ein unerschöpflicher Zuspruch gegeben ist, der in einem seiner tröstlichsten Verse lautet: «HAST du Gott, so HAT's nicht Not».

I HAD NO TIME TO HATE - MIT EMILY DICKINSON

Im Jahre 1862 schrieb die amerikanische Dichterin Emily Dickinson ein kleines Gedicht ohne Titel, das in der eigenwilligen Orthographie, Interpunktion und Metrik der Autorin wie folgt lautet (und in meiner Übersetzung leider nur angenähert wiedergegeben werden kann):

I had no time to Hate –
Because
The Grave would hinder Me –
And Life was not so
Ample I
Could finish – Enmity -

Nor had I time to Love –
But since
Some Industry must be -
The little Toil of Love –
I thought
Be large enough for Me -[1]

[Ich hatte keine Zeit zu hassen,
denn das Grab wäre mir hinderlich.
das Leben war so üppig nicht,
um mit der Feindschaft Schluss zu machen.

Auch hatte ich zu lieben keine Zeit,
doch da ein bisschen Fleißigsein nie schadet,
schien mir die kleine Liebesfron
genug zu sein für mich.]

Dieses federleichte Gedicht hat ein bedeutungsschweres Thema: Liebe und Hass. Man kennt, beispielsweise von William Blake und von Schiller, nicht wenige Gedichte dieser Art, in denen Himmel und Hölle, Freiheit und Tyrannenketten scharf pointiert gegeneinander gesetzt sind und unversöhnlich miteinander im Streit liegen. Doch sind es bei Blake und Schiller zumeist längere Gedichte, in denen sich die Autoren genügend Zeit nehmen, für und gegen die Urkräfte der Weltgeschichte mit dem Rüstzeug ihrer Bildung zu argumentieren und zu polemisieren. Nicht so Emily Dickinson in den zwei Strophen ihres Gedichtes, in denen kurze und ultrakurze Verse das ganze Gewicht und Übergewicht des elementaren Liebens und Hassens tragen müssen. Wie ist ihr dieses Wagnis gelungen?

Emily Dickinson hat dieses bewundernswerte Gedicht als ein Zeit-Gedicht geschrieben. Ihre Zeit ist die von Geburt und Tod begrenzte Lebenszeit. Es ist eine knappe Zeit, sofern ein Mensch wie sie immer schon das Grab (*the grave*) vor Augen hat und das Leben folglich von seinem Ende her denkt. So ist die Zeit, die sie HAT, immer schon untermischt mit der Zeit, die sie NICHT HAT. Das wird in ihrem Gedicht am deutlichsten in den beiden parallel geführten Strophenanfängen ausgedrückt: *I HAD no time to hate / Nor HAD I time to love*. Nicht einmal für solche elementaren Lebensäußerungen wie Hassen und Lieben hat die Zeit ihres Lebens gereicht.

So ist dieses Gedicht eine pointierte Widerrede zum Buch Kohelet geworden, in dem wir lesen konnten: «Das Lieben HAT seine Zeit und das Hassen HAT seine Zeit» (vgl. Kap. 16). In die biblische Sprache übersetzt oder rückübersetzt, lautet also Emily Dickinsons resignative Replik: «Das Lieben HAT seine Zeit NICHT GEHABT, und auch das Hassen HAT seine Zeit NICHT GEHABT». Die Kunst des HABENS, wenn es sie denn geben sollte, erweist sich in diesem Gedicht als machtlos gegenüber der Zeit als dem unerbittlichen Verknapper aller menschlichen Dinge.

Doch steht es mit dem HABEN-Saldo der Zeit für Emily Dickinson vielleicht doch nicht ganz hoffnungslos. Es ist ja vorstellbar, dass wenigstens eine Kunst des NICHT-HABENS ihr dienlich sein kann, um aus dem großen Scheitern aller Lebenspläne gleichwohl mit etwas List und «Gewerbefleiß» (so würde ich «*Industry*» am liebsten übersetzen) wenigstens ein kleines Quantum Liebe für sich zu retten. Und das, so scheint es, gelingt ihr auch mit der täglichen Mühe ihrer «kleinen Liebesfron» (*the little toil of love*) – was ja wohl nur als bescheidene und im christlichen Sinne demütige Umschreibung ihres poetischen Schaffens verstanden werden kann. Mehr Liebe braucht sie nicht, denkt sie.

– 19 –

DIE ZEIT IM LEIBE HABEN – MIT EINER MUSTERUNG VON THOMAS MANN

Der französische Philosoph Gabriel Marcel war, wie man sich vielleicht erinnert (vgl. Kap. 5), davon überzeugt, dass zum HABEN gerade der Körper Wesentliches beizutragen hat. Denn die Leiblichkeit oder Körperlichkeit (*corporéité*) galt ihm als die vermittelnde Instanz schlechthin zwischen dem SEIN und dem HABEN. Wir wollen diese Anregung hier neu aufnehmen und sie dabei sprachlich entfalten.

Von der Sprache her gesehen, besteht selten Anlass zu sagen: «Ich HABE einen Körper», so wenig wie sich anbietet zu sagen: «Ich HABE eine Seele». Von welcher Warte aus könnte man denn, gleichsam unbeteiligt, «seinen» Körper oder «seine» Seele betrachten! Umso öfter besteht jedoch Anlass, sich in irgendeiner Hinsicht seiner Körperteile zu vergewissern. Und nicht weniger häufig kommt die Seele (Psyche) auf den Gedanken, mit sich selber oder mit anderen darüber zu reden, welche Seelenteile jeweils an der Reihe sind, aktiv zu werden. In dieser doppelten Hinsicht steht in jeder Situation die HABEN-Prädikation ausdrucksbereit zur Verfügung, da ja die Körper- und Seelenteile mit aller Evidenz zu jedem beliebigen Subjekt «dazugehören».

Was zunächst den Körper und seine Körperteile betrifft, so ist es für jede Subjektperson evident, dass sie einen Kopf, einen Leib, zwei Arme und zwei Beine HAT und dass sie selbstverständlich von allen diesen Körperteilen sagen kann: MEIN Kopf, MEIN Rücken, MEINE Arme, MEINE Beine. Von diesem Bestand überhaupt Aufhebens zu machen, ist jedoch für ein Subjekt nur dann naheliegend, wenn ein Körperteil in irgendeiner Hinsicht bei der eigenen Person oder bei anderen Subjekten, positiv oder negativ, auffällig geworden ist. Dann bietet sich sogleich die HABEN-Prädikation zur Verständigung an: «Er|sie HAT ein markantes Profil / kräftige Schultern / volles Haar / zupackende Hände / flinke Füße». In analoger Weise kann sich ein Subjekt auffälliger Seelenteile versichern: «Er|sie HAT eine leichte Auffassungsgabe / ein gutes Gedächtnis / Witz und Humor / eine blühende Phantasie / immer die besten Vorsätze.»

Es mag nun wohl in den Fachsprachen der Psychologie und Medizin leicht möglich sein, die Körper- und Seelenteile mit befriedigender Trennschärfe zu unterscheiden. In der Pragmatik des gewöhnlichen Lebens kümmert sich das HABEN kaum um eine solche Trennung. Körperliches und Seelisches greifen meistens ineinander, so wie es seit der Antike zum festen Wissensbestand der Menschenbeobachtung und Charakterkunde gehört. Beleg dafür ist eine Standardformulierung Ciceros[1]:

> Jede Regung des Geistes HAT von der Natur ihren charakteristischen Ausdruck in Miene, Tonfall und Gebärde.
> [*Omnis enim motus animi suum quendam a natura* HABET *vultum et sonum et gestum.*]

Oft zitiert werden in diesem Zusammenhang auch ein paar Verse Goethes, in denen er fast privat seinen persönlichen HABITUS kennzeichnet:[2]

> Vom Vater HAB' ich die Statur,
> Des Lebens ernstes Führen,
> Von Mütterchen die Frohnatur
> Und Lust zu fabulieren.

*

Nun muss aber dringend, gerade im Hinblick auf die Körperlichkeit des Menschen, die Zeitlichkeit der menschlichen Existenz wieder ins Spiel kommen.[3] Dafür sorgt schon zur Genüge die Natur selber, denn von Zeit zu Zeit werden die Menschen krank. Dann bricht schleichend oder plötzlich ein «Störfall» in das körperliche und seelische Wohlbefinden ein, und man merkt von einem Moment zum andern: «Ich BIN krank». Jetzt zeigt auf einmal die sonst verdrängte Zeitlichkeit ihr wahres Gesicht in Gestalt der Endlichkeit und der damit verbundenen Hinfälligkeit. Wenn dann aber schließlich am glücklichen Ende dieser Zeitphase die Krankheit «glimpflich» ausgestanden ist, steht auch schnell im Bewusstsein der Satz bereit: «Ich BIN wieder gesund». So betrachtet, befinden wir uns mit dem angenommenen Wechsel der Befindlichkeit ganz in der Mitte des DA-SEINS, das sich immer dann sofort zu Wort meldet, wenn es um Leib und Leben geht. Doch gehören auch das WERDEN und das BLEIBEN als temporale Varianten des SEINS zum Menschen hinzu. Denn wer krank IST, weiß wohl, dass er erst wieder gesund WERDEN muss, ehe ihm gewünscht werden kann: «BLEIBEN Sie gesund!».

Für erwachsene und gesellschaftlich vernetzte Personen ist es mit dem elementaren Sprachspiel des Gesund- oder Krank-SEINS nicht getan. Für sie gilt es als irgendwie unseriös, sich mit den elementaren Grenzzuständen der körperlichen Befindlichkeit zufrieden zu geben. Nach den gesellschaftlich geltenden Spielregeln wird von ihnen erwartet, dass sie nicht einfach denken und sagen: «Ich BIN (oder feiere) jetzt krank». Es wird vielmehr als ihre familiäre und gesellschaftliche Pflicht angesehen, der Frage nachzugehen: Was HABE ich denn? Wenn nämlich jemand für seine Umwelt glaubhaft krank sein möchte und vielleicht auch den Anspruch erheben will, wegen des Störfalls in seinem Gesundheitszustand von der Arbeit fernzubleiben, dann gehört es sich in unserer Gesellschaft für diese Person, eine terminologisch bekannte Krankheit zu HABEN, die auch von den Autoritäten der Gesundheitsfürsorge fachlich und fachsprachlich anerkannt ist. Nur dann wird dieser Person zugestanden, dass sie sich ordnungsgemäß krank melden und gegebenenfalls von den Leistungen des sozialen Netzes Gebrauch machen kann.

Es wird somit von allen erwachsenen Kranken (stellvertretend auch für deren erkrankte Kinder) erwartet, dass sie im Krankheitsfall bestimmte normative Handlungszüge durchlaufen, deren Abfolge durch die Regelungen des Gesundheitswesens vorgegeben sind. Diese können an ihren markantesten Stationen jeweils mittels HABEN-Prädikationen gekennzeichnet werden, etwa nach folgendem Szenario:

Symptome: «Ich HABE Fieber / Husten / Schwindel / Gliederschmerzen.
Diagnose: «Sie HABEN Bronchitis / Angina / Grippe / Lungenentzündung.
Therapie: «Hier HABEN Sie ein Rezept / ein Attest / eine Überweisung.

Wenn nun alles gut geht, kann der Patient am Ende – immer noch mit den elementaren Ausdrucksmitteln von SEIN und HABEN – feststellen: «Ich BIN alle Beschwerden LOS» oder auch: «Ich HABE/KRIEGE das alles wieder WEG.»

Es versteht sich, dass ein schematisches Programm wie dieses nicht alle Stationen des Behandlungsweges angeben kann und dass diese auch nicht um jeden Preis ausschließlich mit den Ausdrucksmitteln von HABEN-Sätzen ausgedrückt zu werden brauchen. So kann etwa statt einer Eröffnungsfrage «Was HABEN Sie?» ein Arzt-Patienten-Dialog auch einsetzen mit der Frage: «Was FEHLT Ihnen?». Dann HAT der Kranke eben etwas NICHT, was er als Gesunder HAT.

In der Realität eines «normalen» Krankheitsverlaufs kann des weiteren nicht außer Betracht bleiben, dass im Allgemeinen zwischen einem Patienten in der Laienrolle und der ärztlichen Autorität ein beträchtliches Kompetenzgefälle besteht, das dem Patienten nicht selten ein zurückhaltendes und vorsichtig-tastendes Verhalten nahe legt. Ein Kranker kann dann etwa sagen: «Ich glaube, ich HAB's an der Lunge». Das ist eine sehr charakteristische Redeweise, bei der in einem HABEN-Satz die Rolle des Habitus-Objekts provisorisch mit einem neutralen Pronomen («es», hier verkürzt zu «'s») besetzt ist. Als vage Vermutung wird dann der Körperteil angegeben, an dem die Krankheit ihren Sitz HABEN könnte. Auf diese Weise wird dem behandelnden Arzt die Lage des Habitus-Objekts offen gehalten für eine präzise Besetzung dieser Rolle mit dem «richtigen» Namen der Krankheit. Erst dann HAT der Kranke wirklich SEINE Krankheit und IST nunmehr Patient. Auch den gesellschaftlichen Instanzen gegenüber ist sein Zustand nun als ein beglaubigter Krankheitsfall dokumentiert. Allerdings ist damit für ihn zugleich die nicht nur private Verpflichtung verbunden, dass er seinerseits seine Rolle als Patient verantwortungsvoll annimmt und die ihm verschriebenen therapeutischen Maßnahmen, genau wie aufgelistet, ausführt (*«compliance»*).

Wenn nun am Ende alles gut ausgegangen ist, so darf der Ex-Patient (etwas ungrammatisch, weil mit einer eigentlich nicht zulässigen Passivform gebildet) ausrufen: «GEHABTE Schmerzen, die HAB' ich gern.» Sollte aber alles nicht geholfen haben, so bleibt als letzter Trost ein

Aphorismus des Göttinger Gelehrten Georg Christoph Lichtenberg (der selber von Geburt mit einem Buckel lebte): «Sobald einer ein Gebrechen HAT, SO HAT er auch eine eigene Meinung.»

*

Zum Abschluss dieses Kapitels soll noch daran erinnert werden, dass in den Grenzbereichen von Gesundheit und Krankheit nicht wenige merkwürdige, weil normwidrige Sonderfälle zu verzeichnen sind, für die sich besonders die Literatur interessiert. So gibt es den Simulanten, der eine Krankheit vorspielt, die er gar nicht HAT (Ben Jonson: «*Volpone*»), und es gibt den Hypochonder, der als «eingebildeter Kranker» (Molière: «*Le malade imaginaire*») alle Krankheiten der Welt nicht nur HAT, sondern sie auch alle GERN HAT. Und schließlich gibt es in einem bekannten Roman von Thomas Mann sogar den doppelt interessanten Fall eines Hochstaplers, der gleichzeitig Krankheit und Gesundheit simuliert. Dem Autor dieses ironisch-humoristischen Romans hat es nämlich gefallen, seinen Helden, einen jungen Mann mit Namen Felix Krull, einer militärischen Musterung auszusetzen. Der Romanheld, ein begnadeter Zivilist, besteht diese Prüfung mit Bravour und WIRD ausgemustert.[4]

In Thomas Manns Romanszene der Musterung müssen wir uns den Helden des Romans vorstellen, wie er splitternackt vor der Musterungskommission steht. Doch ist er zum Glück mit einer blühenden Sprachphantasie ausgestattet, so dass er seine Blöße mit vielen blumigen Worten bedecken kann. Bedient er sich dabei vielleicht auch der Kategorie HABEN, um sein unmilitärisches Musterungsziel zu erreichen? Danach sieht es zunächst nicht aus. Wider alle Normen einer militärischen Musterung wird das Gespräch nicht durch den Militärarzt, sondern durch den Musterungskandidaten selber eröffnet, und zwar mit der Feststellung: «Ich BIN vollkommen diensttauglich».

In den Augen des Militärarztes ist dieser Satz eine Unverschämtheit und Amtsanmaßung, da es nur ihm selber zusteht, gegebenenfalls die Tauglichkeit des zukünftigen Rekruten zu verkünden. Dem Militärarzt darf nämlich nicht entgehen, dass dieser Dienstpflichtige vielleicht verborgene Krankheiten hat, die ihn für den Waffendienst ungeeignet erscheinen lassen. Tatsächlich treten bei dem Kandidaten Felix Krull in zunehmendem Maße allerhand Zuckungen der Gesichtsmuskeln auf, die auf einen solchen Befund hindeuten. Doch werden sie wiederholt begleitet von der Beteuerung: «Ich BIN ganz gesund».

Bei dem Militärarzt zeigt sich gegenüber diesen Symptomen eine gewisse Ratlosigkeit. Immerhin geht er nun, wie es zu den Üblichkeiten seines Berufsbildes gehört, zur Anamnese über, wobei er sich des Perfekts bedient: HABEN Sie schwere Krankheiten überstanden?» Und weiter: «HABEN Sie Ihrem Hausarzt [...] niemals etwas von diesen kleinen Unregelmäßigkeiten erzählt?» Auf das Stichwort Erzählung, verbunden mit der Aufmunterung: «HABEN Sie keine Scheu!», hat unser Zivilist nur gewartet. In «ausschweifender und träumerischer Rede» hebt er sogleich, indem er in das Erzähltempus Präteritum übergeht, zu einer längeren Erzählung aus seiner Jugend- und Schulzeit an: «Ich durchlief sechs Klassen der Oberrealschule (...) und blieb in der Schule zurück». Und manch weiteres «Ungemach» hat seine Jugend überschattet: «Der Ruin HATTE mit hartem Knöchel an unsere Tür geklopft». Während dieser Erzählung kann der Militärarzt bei dem Musterungskandidaten beobachten, wie sich dessen Gesicht bei so schmerzlichen Erinnerungen wie im Krampf verzerrt.

Nun ist für den Militärarzt ein deutliches Krankheitsbild gegeben. Von einer ordentlichen Einberufung zum Militär kann nicht mehr die Rede sein: «Sie SIND ausgemustert.» Felix Krull IST offenbar ein Psychopath. Er IST nur in seiner Einbildung ein Gesunder. Für einen solchen Patienten gilt: «Die Kaserne IST keine Heilanstalt.»

Die Szene hat ein kleines Nachspiel. Beim Herausgehen bemerkt ein assistierender Unteroffizier anerkennend zu dem Hochstapler: «Schade um Sie, Sie HÄTTEN es zu was bringen können beim Militär. (...) Sie HABEN das Zeug auf den ersten Blick.»

- 20 -

SPLITTERNACKT IM MÄRCHEN – SO HABEN ES DIE BRÜDER GRIMM UND HANS CHRISTIAN ANDERSEN

«Es war einmal ...». Dass so die schönsten Märchen anfangen, weiß jedes Kind. Und so beginnt auch das Märchen «Die Sterntaler». Es lohnt sich, den Text hier ungekürzt wiederzugeben, da er seine kleinen und großen Leser von der ersten bis zur letzten Zeile überraschen kann[1].

> Es war einmal ein kleines Mädchen, dem war Vater und Mutter gestorben, und es war so arm, dass es kein Kämmerlein mehr HATTE, darin zu wohnen, und kein Bettchen mehr, darin zu schlafen, und endlich gar nichts mehr als die Kleider auf dem Leib und ein Stückchen Brot in der Hand, das ihm ein mitleidiges Herz geschenkt hatte. Es war aber gut und fromm. Und weil es so von aller Welt verlassen war, ging es im Vertrauen auf den lieben Gott hinaus ins Feld. Da begegnete ihm ein armer Mann, der sprach: «Ach, gib mir etwas zu essen, ich bin so hungrig.» Es reichte ihm das ganze Stückchen Brot und sagte: «Gott segne dir's», und ging weiter. Da kam ein Kind, das jammerte und sprach: «Es friert mich so an meinem Kopfe, schenk mir etwas, womit ich ihn bedecken kann.» Da tat es seine Mütze ab und gab sie ihm. Und als es noch eine Weile gegangen war, kam wieder ein Kind und HATTE kein Leibchen AN und fror: da gab es ihm seins; und noch weiter, da bat eins um ein Röcklein, das gab es auch von sich hin. Endlich gelangte es in einen Wald, und es war schon dunkel geworden, da kam noch eins und bat um ein Hemdlein, und das fromme Mädchen dachte: «Es ist dunkle Nacht, da sieht dich niemand, du kannst wohl dein Hemd weggeben», und zog das Hemd ab und gab es auch noch hin. Und wie es so stand und GAR NICHTS MEHR HATTE, fielen auf einmal die Sterne vom Himmel, und waren lauter blanke Taler; und ob es gleich sein Hemdlein weggegeben, SO HATTE es ein neues AN, und das war vom allerfeinsten Linnen. Da sammelte es sich die Taler hinein und war reich für sein Lebtag.

Dies ist ein wunderbares, aber auch höchst eigenartiges Märchen in der Grimmschen Sammlung. Es ist ebenso zart erzählt, wie es gnadenlos seinen Lauf nimmt. Für das «Mädchen», so wird die kleine Heldin des Märchens genannt, beginnt die Lebensgeschichte, wie so oft bei den Brüdern Grimm, in bitterer Armut. Das arme Kind HAT seine Eltern verloren, und so HAT es auch sonst zum Leben nichts mehr. Es wird nicht einmal gesagt, ob das Kind überhaupt einen Namen HAT. Das ist das äußerste «Armutszeugnis», das ihm von den Märchenerzählern ausgestellt wird. Noch mehr Elend als dieses sollte eigentlich für ein Kind, das zudem «gut und fromm» IST, nicht vorstellbar sein.

Das arme Mädchen selber will es anders. Und so gerät es mit seinem eigenen guten Willen aus der tiefen noch in die allertiefste Not. Denn nun begegnen dem armen Kind mehrere andere Arme, die alle sein Mitleid erregen. So verteilt es an sie seine letzte HABE, die ihm noch geblieben ist, sogar sein letztes Hemd. Splitternackt und bloß steht das Kind zur Nachtzeit im Wald. Da erst, als dieses Kind GAR NICHTS MEHR HAT, ist aus der Heldin der Geschichte eine kleine Heilige geworden und aus dem Märchen eine Heiligenlegende. Und jetzt hat endlich auch der Himmel ein Einsehen. Unversehens fallen Sterne als blanke Taler vom Himmel, dem Mädchen in den Schoß, wo sie von einem mitgeschenkten neuen Hemd «aus feinstem Linnen» aufgefangen und eingesammelt werden können. Aus äußerster Armut ist das Kind über Nacht zu äußerstem Reichtum gelangt, genug und übergenug für «sein Lebtag».

Dies ist nun freilich für ein Heiligenleben ein überraschender Schluss. Es fällt ja nicht etwa Manna vom Himmel wie bei den frommen Israeliten. Und es geschieht kein himmlisches «Rosenwunder» wie bei den «richtigen» Heiligen, etwa der heiligen Dorothea von Caesarea oder der heiligen Elisabeth von Thüringen. Ganz irdische Geldstücke sind es, die dem Mädchen in den Schoß fallen. Und ein Ende dieses «Geldsegens» ist nicht abzusehen. Wird also vielleicht, wenn die Geschichte weitergedacht wird, doch keine Heilige aus dieser Heldin, sondern «nur» eine irdische Millionärin oder Milliardärin?

Eine Antwort auf diese Frage, die das Grimmsche Märchen zwar nicht seinen kleinen, wohl aber seinen großen Lesern schuldig bleibt, kann an der weiteren Rezeptionsgeschichte des Märchens abgelesen werden. Als erstes erhält nämlich das namenlose Waisenkind, das zu plötzlichem Reichtum gekommen ist, einen Namen. Es heißt nun so, wie der Name zu seinem Glücks-«Fall» passt, nämlich «Sterntaler». Und mit diesem Sternennamen bleibt es ihm nicht erspart, in unserer Konsumwelt ein «Star» der Werbung zu werden.

*

Zum Kontrastvergleich mit den Brüdern Grimm begeben wir uns nun nach Dänemark. Denn auch in Hans Christian Andersens bekanntem Märchen von den neuen Kleidern des Kaisers geht es um die entweder bekleidete oder unbekleidete Körperlichkeit seiner kaiserlichen Majestät.[2] Man kennt die wunderbare Geschichte von diesem hohen Herrn, «der so ungeheuer viel auf hübsche Kleider hielt, dass er all sein Geld dafür ausgab, um recht geputzt zu sein». Und so trägt er auch eines Tages in feierlicher Prozession die «unsichtbaren Kleider», die ihm zwei Betrüger als besonders feine Gewänder aufgeschwatzt haben. Natürlich werden «des Kaisers neue Kleider» vom Hofstaat und vom ganzen Volk gepriesen und bewundert. Die Leute wollen ja nicht für blind und dumm gehalten werden. Nur ein kleines Kind verlässt sich einfach auf seinen unverdorbenen Verstand und ruft arglos aus: «Aber er HAT ja nichts AN!». Nun ruft bald auch das ganze Volk: *«Han HAR jo ikke noget PÅ!»*

Kommen jetzt also endlich Vernunft und Verstand zur Herrschaft im Andersenland? Davon kann leider keine Rede sein. Die bessere Einsicht des Volks bleibt ohne Folgen. Zwar schwant dem Kaiser, die Leute könnten vielleicht mit ihrem Urteil RECHT HABEN (*«de HAVDE RET»*), doch kann der splitternackte Mann, äußerlich ungerührt, seine *«procession»* glanzvoll fortsetzen, und die Kammerherren halten ihm weiterhin die nicht vorhandene Schleppe.

– 21 –

KLEIDUNG HABEN, SCHMUCK HABEN ODER AUCH NICHT HABEN – MIT EINER NOVELLE VON MAUPASSANT

Nachdem im vorherigen Kapitel die Frage besprochen worden ist, was alles zum Ganzen des menschlichen Körpers und zu seiner Psyche «gehört», darf die Kleidung nicht außer Betracht bleiben, wenn sie einem Subjekt als Sache zu eigen ist oder sonstwie «zu ihm gehört». Nicht ohne Grund nennt man ja die Kleidung, die jemand am Leibe HAT, sein «Zeug» oder seine «Sachen» schlechthin. Nächst der Körperlichkeit («einen Körper HABEN») ist die Kleidung die Nähe des HABENS schlechthin. Was also ein Mann oder eine Frau anzieht, das steht seinem oder ihrem SEIN ziemlich nahe und kann sehr an den Nerv rühren, wenn da irgendetwas nicht stimmt.

Das alles ist ein weites und blühendes Feld für Habitus-Objekte, wobei jedoch nicht nur das bloße HABEN dieser oder jener Kleidungsstücke gemeint ist, die jemand vielleicht im Kleiderschrank HAT, sondern auch die Art und Weise ihres Gebrauchs am Körper. In vielen Sprachspielen wird nämlich die quasi symbiotische Nähe des Körpers zu SEINEN Kleidern betont, und zwar mit Hilfe von geeigneten Präpositionen, die zusammen mit dem Zubringer-Verb HABEN fest gefügte zweiteilige Verben bilden, zum Beispiel: «Er | sie HAT einen Mantel AN / eine Mütze AUF / die Schuhe AUS / einen Schirm MIT / ein Cape UM / die Jacke ZU». Wir erinnern uns bei dieser Gelegenheit, dass schon in der aristotelischen Kategorienlehre bei der Besprechung der achten Kategorie die HABEN-Beispiele mit Kleidungsstücken und Ausrüstungsgegenständen gleich am Anfang stehen (vgl. Kap. I).

Es steht dabei außer Frage, dass die menschliche Kleidung oder auch Bekleidung ihren Sinn nicht darin erschöpft, dass sie «die Blöße bedeckt» und Schutz bietet gegen «die Unbilden der Witterung». Denn die Außenseite der Anziehsachen (manchmal auch deren Innenseite) wird ja, ob ihre Träger es wollen oder nicht, wahrgenommen als eine absichtliche oder unabsichtliche Botschaft an andere über die Art und Weise, «wie» man als Individuum oder Mitglied einer Gruppe innerlich IST oder SEIN WILL. So gibt es bei jeder Kleidung, auch wenn es nur «Klamotten» sind, außer dem HABEN im Kleiderschrank oder am Leibe auch ein HABEN für andere im Modus des Zeigens. Und das weiß natürlich jede und jeder oder sollte es doch wissen, denn auch wer sich nicht darum kümmern will, sendet mit seiner Kleidung eine Botschaft aus, die (als *dress code*) ziemlich leicht zu dekodieren ist. Selbst Uniformen und andere Arten von Dienstkleidung, die diesen Faktor minimieren sollen, setzen das HABEN FÜR ANDERE nicht außer Kraft und können es nur vergesellschaften. So gilt doch immer, was man vom Volksmund und von Gottfried Keller weiß: «Kleider machen Leute».

Nun will ich in diesem Buch, was den *Dress-Code* meiner Leser und Leserinnen betrifft, keine falsche Kennerschaft vortäuschen. Mit gehöriger Bescheidenheit möchte ich daher im Folgenden nur kurz noch die Aufmerksamkeit auf das Phänomen Schmuck lenken, dem der Soziologe Georg Simmel einen viel beachteten «Exkurs über den Schmuck» gewidmet hat[1]. Das ist ein knapp gefasster Text, der sich auch für die Kategorie HABEN als signifikant erweist. Es geht dem Autor nämlich in seiner Soziologie um die gesellschaftliche Bedeutung des Schmuckes, die nach seiner Auffassung in einer «Synthese des Habens und des Seins» besteht. Und diese kommt dann zustande, wenn im Tragen des Schmucks das HABEN-FÜR-ANDERE am Körper oder an der Kleidung auffällig wird und es auch werden soll mit der Absicht, so Simmel, «das HABEN der Persönlichkeit zu einer sichtbaren Qualität ihres SEINS werden zu lassen». Und so IST der Schmuck für ihn beides: HABEN für die andern und zugleich durch die aufmerksame Wahrnehmung durch die Anderen rückläufig auch HABEN für das Subjekt. Das eben macht den Schmuck zu einem doppelt wertvollen Besitz.

*

Doch auch beim Schmuck trügt nicht selten der Schein. Diese Erfahrung ist der Stoff, aus dem die Novelle «*La parure*» («Der Schmuck») des französischen Schriftstellers Guy de Maupassant (1850–1893) gemacht ist.[2] In dieser berühmten, wenn auch etwas melodramatisch konzipierten Novelle ist Monsieur Loisel ein kleinbürgerlicher Angestellter im Schulministerium. Seine ansehnliche Frau, Madame Loisel, träumt immer noch ihre Jugendträume von Glanz und Glamour in der Pariser Gesellschaft. Mit viel Mühe gelingt es dem einfühlsamen Ehemann, für das Paar die Einladung des Ministers zu einem großen Ball zu erhalten. Lebhafte Freude des Mannes, Verzweiflung der Frau: Sie HAT KEIN Ballkleid, KEINEN Schmuck, NICHTS, was ihr in der eleganten Gesellschaft eine Demütigung ersparen könnte. Für ein schönes Ballkleid macht Monsieur Loisel die letzten Ersparnisse locker. Aber ohne Schmuck kann Madame Loisel sich nicht auf das Parkett wagen. Glücklicher Einfall: Sie HAT eine reiche Schulfreundin, Madame Forestier. Von ihr kann sie sich eine Halskette leihen, mit der sie auf dem Ball glänzt (*Mme Loisel* EUT *un succès*).

Beseligt kehrt das Paar vom Ballsaal heim – «doch plötzlich …». «Was HAST du?», fragt der Ehemann besorgt. «Ich HABE … ich HABE … ich HABE die Kette von Madame Forestier NICHT MEHR» [*J'AI … j'AI … Je n'AI PLUS …*]. Verzweifelt machen sich die beiden klar, dass es sich um jeden Preis gehört, für den wertvollen Schmuck einen möglichst ähnlichen Ersatz herbeizuschaffen, der unauffällig zurückgegeben werden kann. Und so nehmen sie zu Wucherpreisen einen hohen Kredit auf und geben den dafür erworbenen Schmuck an die Eigentümerin zurück. Der Tausch wird nicht bemerkt. Unter dem Druck ihrer gewaltigen Verschuldung müssen aber nun die Loisel auch auf die kleinsten Annehmlichkeiten ihres bescheidenen Lebens verzichten, und sie schuften zehn Jahre lang bis weit über ihre Kräfte nur für die Rückzahlung des Kredits mitsamt allen Zinsen und Zinseszinsen.

Endlich ist das Ziel erreicht. In ihrer Verelendung kaum noch erkennbar, kann Madame Loisel ihrer Freundin den Schmucktausch beichten. «Das ist uns nicht leicht gefallen, wir HATTEN ja NICHTS» [*nous, qui n'AVIONS RIEN*]. Unverständnis und Entsetzen bei der Freundin: Der Schmuck war doch nur eine Nachahmung, fast ohne Wert.

Ob Madame Loisels wohlhabende Freundin außer der Nachahmung selber noch den echten Schmuck gehabt hat oder nur die Imitation, wird in der Novelle nicht berichtet.

HABEN WIE GEMALT – MIT VERMEER VAN DELFT

Bevor hier von der Malkunst des Vermeer van Delft die Rede sein wird, ist kurz zu erörtern, welches in der Ästhetik des Barockzeitalters die Bedingungen sind, unter denen sich in Europa Philosophen und Literaten verbunden haben, um die bildenden Künste zu einigen ihrer schönsten Werke zu inspirieren. Sie haben es insbesondere verstanden, den Bildern eine Stimme zu geben, die von den Betrachtern als Rede verstanden werden kann.

Ist es überhaupt vorstellbar, ein Bild zum Sprechen zu bringen? Ja, das ist seit ältesten Zeiten üblich. Denn schon von dem altgriechischen Dichter Simonides (um 500 v. Chr.) ist überliefert, dass er die Malerei eine schweigende Dichtung, die Dichtung eine redende Malerei genannt hat. Darauf hat auch Horaz sein oft zitiertes Wort gemünzt: «Wie die Malerei, so die Dichtung (*ut pictura poesis*)». Auf diesem Dictum beruht ferner die «Ikonologie» (1593) des italienischen Kunsttheoretikers Cesare Ripa, die 1644 auch in niederländischer Übersetzung erschienen ist[1]. Die europaweite Resonanz dieses Werkes, einer umfassenden und lexikographisch reich dokumentierten «Bildlesekunst», war so stark, dass ein heutiger Kunsthistoriker aus den Niederlanden, Eddy de Jongh, einer Studie den Titel geben konnte: «Die Sprachlichkeit der niederländischen Malerei des 17. Jahrhunderts». Es konnte diesem Kritiker zufolge von den zeitgenössischen Betrachtern ohne weiteres erwartet werden, dass sie imstande waren, «das Wort sozusagen aus dem Bild herauszufiltern».[2]

*

Diesen Anspruch stellt an ihre Betrachter auch die Malkunst des niederländischen Malers Johannes Vermeer (1632–1675), der zu seinen Lebzeiten in seiner Vaterstadt Delft ein hohes Ansehen genoss. Nach

Jan Vermeer, *Die Goldwägerin,* 1662–1664

einer Zeit des Vergessens ist sein Werk im 19. Jahrhundert unvermutet wieder entdeckt worden. Heute wird es weltweit zu den größten Hervorbringungen der niederländischen Kunst gerechnet.

Ein besonders beliebtes Thema dieser Malerei ist im 17. Jahrhundert das häusliche Interieur, belebt von einer meistens weiblichen Person, die mit einer charakteristischen Tätigkeit, beispielsweise dem Lesen eines Buches oder Briefes, beschäftigt ist. Ein solches Bild ist auch Vermeers Gemälde «Die Goldwägerin», das in der National Gallery of Art in Washington hängt. Vordem gehörte es zu der Sammlung des ersten bayerischen Königs Max I. Joseph, der es aber verkaufte. Im Jahre 2011 ist es als Leihgabe für eine Vermeer-Ausstellung nach Bayern zurückgewandert und in München mit einhelliger Bewunderung begrüßt worden.[3]

Das Bild ist relativ kleinformatig (40,3 × 50,6 cm) und zeigt im Halbprofil eine junge Frau, die in einem Raum ihres gepflegten Bürgerhauses im Begriff steht, den Wert ihres persönlichen Besitzes an Schmuck und Münzen mit Hilfe einer kleinen Goldwaage zu bestimmen. In Szenen dieser Art, die seit dem 19. Jahrhundert als «Genre-Malerei» bezeichnet werden, zeigte das prosperierende Bürgertum der niederländischen Provinzen gerne seine Kultur, aber auch seinen gepflegten Besitz in der doppelten Gestalt der unbeweglichen und der beweglichen HABE (*res immobilis, res mobilis*). Wir können daher dieses Bild als gemaltes HABEN verstehen.

In welcher Sprache aber spricht diese Kunst? Nächst der Theologie, deren Sprache die mittelalterliche Kunst beherrscht hatte, ist es in der Barockzeit in zunehmendem Maße auch die Sprache der Philosophie. Damit ist damals in erster Linie immer noch Aristoteles gemeint. Und bei ihm sind es nach wie vor die Kategorien, von denen viele Anregungen nun auch für die Kunst ausgegangen sind.

Das ist wiederum besonders ausdrücklich in Italien geschehen, genauer gesagt in Turin, wo als Prediger und Prinzenerzieher der Jesuit Emanuele Tesauro (1592–1675) wirkte. Er ist der Autor eines in Europa weit verbreiteten Werkes zur literarischen Rhetorik, die bei ihm mit Blick auf den «göttlichen Aristoteles» (*divino Aristotele*) methodisch neu konzipiert wird. Der Titel des Werkes von Tesauro lautet: «Das aristotelische Fernrohr» (*Il Cannocchiale Aristotelico,* 1654). Das ist insofern ein spektakulärer Titel, als das Fernrohr erst Anfang des 17. Jahrhunderts erfunden worden ist. Kein Wunder also, dass diese «weitblickende» Rhetorik auch auf die bildenden Künste dieses Zeitalters eine starke Wirkung ausgeübt hat.[4]

Für die Thematik dieses Buches und für seine Kunstlehre ist von besonderer Bedeutung, dass Tesauro seine neue Kunsttheorie ausdrücklich kategorial konzipiert hat. Dabei ist durch eine kleine Umorganisation der aristotelischen Kategorientafel die Kategorie HABEN (ital. *avere,* bei Tesauro *havere* neben *habito*) vom achten auf den zehnten Platz zurückversetzt worden. Doch bildet sie an dieser Stelle keineswegs ein Schlusslicht, sondern gilt als «die scharfsinnigste und schönste aller Kategorien» (*argutissima e bellissima sopra l'altre*). Das müssen die Meister der barocken Malkunst nicht wörtlich so in den Büchern von Ripa oder Tesauro gelesen haben. Denn mit dem Fernrohr und anderen Instrumenten der Wissenschaft wanderten manche Gedanken auch ohne das Substrat eines Buches durch Europa, und somit auch in die Niederlande. Mit dem aristotelischen Fernrohr betrachtet, erweist sich jedenfalls gerade die Kategorienlehre, und mit ihr die Kategorie HABEN, als eine reich fließende Quelle für den engen Zusammenhalt zwischen der Philosophie, der Literatur und den bildenden Künsten im Barockzeitalter.

*

Nach den Regeln dieser Bildlesekunst sehen oder lesen wir nun in Vermeers Genre-Bild, wie die Goldwägerin ihr Leben lebt. Das HAB UND GUT (niederl. *have en goed, hebben en houden*) dieser offenbar wohlhabenden Frau besteht in erster Linie aus dem Wohnhaus, das sie zur Verfügung HAT, mit dem gepflegten Interieur, in dem sie ihrer Muße oder Beschäftigung nachgehen kann. Auffällig ist sodann die vornehme Kleidung, die sie auch im Haus am Leibe HAT (niederl. *aan her lijf heeft*): ein dunkelbraunes Gewand, darüber ein dunkelblauer Überwurf mit weißem Pelzbesatz sowie eine helle Haube, mit der sie – wohl als Zeichen ihres Standes als verheiratete Frau – auch im Hausinnern ihr Haar bedeckt HAT. Der Pelzbesatz gibt den Blick frei auf ihren gewölbten Leib. Allem Anschein nach IST die Frau schwanger.

Ihren Schmuck trägt diese Bürgersfrau in der Wohnung nicht. Wohl aber befinden sich allerlei Schmuckgegenstände in ihrem Besitz. Die Schatullen, in denen diese für gewöhnlich aufbewahrt werden, liegen geöffnet vor ihr auf dem Tisch, so dass der Zuschauer anschauen kann, was sie alles in ihrem Besitz HAT: mindestens drei Perlenketten, mehrere Goldmünzen und ein paar weitere «Stangen» Geldes, vielleicht Silbermünzen. Und für diesen Schmuck HAT sie eine eigene Feinwaage, die zu benutzen sie wahrscheinlich öfter Gelegenheit HAT. Die geeichten Gewichte, die nicht fehlen dürfen, da sie beim Auswiegen der Perlen und Münzen deren Wert bestimmen, sind nicht sichtbar. Im Zeitmoment des Bildes ist die Wägerin noch damit beschäftigt, die leeren Waagschalen sorgfältig zu ponderieren. Dabei zeigt ihre Physiognomie bereits einen Ausdruck stillen Behagens, der darauf hindeutet, dass sie mit ihrem häuslichen Befinden, zu dem außer diesen Sachwerten gewiss auch ihre Schwangerschaft gehört, voll einverstanden ist. Diese Frau kann ihr Frauenleben unbesorgt – in der Metaphorik von Cesare Ripa und Emanuele Tesauro – «auf die Goldwaage legen» (niederl. *op de goudschaltje leggen*).

Das innige Einvernehmen, das offenbar zwischen der jungen Frau und ihrer häuslichen Umwelt besteht, wird von Vermeer mit den reichen Mitteln seiner Malkunst zur vollen Geltung gebracht. Dazu dienen sowohl die satten Farben der Kleidung als auch vor allem die Kunstmittel der Lichtmalerei, für die dieser Maler in der Geschichte der niederländischen Malerei berühmt ist. So fällt in Vermeers Bildnis durch das nur im Abglanz sichtbare Fenster zur Linken ein heller Lichtstrahl diagonal auf das Zentrum der Szene mit der kostbaren HABE, die sich auf dem Tisch zusammendrängt. Auch den vorgewölbten Leib der Schwangeren hat die Lichtregie nicht ausgespart. So ist das gebündelte Licht dieser Szene ein emblematisches Ja zu der zentralen Thematik des Bildes. Der Betrachter soll vor allem verstehen, dass diese Frau sich mit dem, was sie IST, und mit dem, was sie HAT, im schönsten Gleichgewicht befindet.

In dieser Lesart des Bildes können wir uns bestärkt sehen durch die eindrucksvolle Würdigung, die der Kunst der Genre-Malerei an einer unvermuteten Stelle in Arthur Schopenhauers großem Werk «Die Welt als Wille und Vorstellung» (1818) zuteil geworden ist.[5] Der Text liest sich wie eine Beschreibung unseres Bildes, wenn der Philosoph, allerdings ohne Vermeer persönlich zu nennen, davon spricht, dass in der Genre-Malerei bei den «vortrefflichen Malern der Niederländischen Schule» Situationen des alltäglichen Lebens zu Szenen von großer innerer Bedeutsamkeit werden können, sofern sie so gemalt sind, dass «eine leise, eigentümliche Rührung» von ihnen ausgeht. Doch nicht nur das. Schopenhauer schreibt dieser Kunst auch, wenn sie ihre häuslichen Gegenstände in ein helles und deutliches Licht rückt, das kunstvolle Vermögen zu, ein Einzelnes so vorzustellen, dass an ihm «eine vielseitige Idee der Menschheit» aufleuchten kann. Der Philosoph lässt in diesem Zusammenhang keinen Zweifel daran, dass er die im 17. Jahrhundert blühende Genre-Kunst der Niederländer bei weitem jener älteren Malerei vorzieht, in deren Repertoire nur die «Vorfälle aus der Weltgeschichte oder Biblischen Historie» als bedeutsam angesehen werden.

Mit dieser sehr entschiedenen kunstästhetischen Parteinahme Schopenhauers im Sinn wollen wir noch einmal zu Vermeer zurückkehren. Denn auch auf seinem Bild fehlt die von dem Philosophen zitierte Gegenbildlichkeit nicht. Das ist das großformatig vorzustellende Historienbild «Christus als Weltenrichter», das man im Hintergrund der hier besprochenen häuslichen Szene sehen kann. Als «Bild im Bild» ist es perspektivisch stark verkleinert. Es ist überdies nur schwach angeleuchtet und wird von der Frauengestalt im Vordergrund zur Hälfte verdeckt. Immerhin kann der Betrachter die Thematik des Weltgerichts nach Matthäus 25, 31–46 erkennen. Zu dieser Gerichtsszene gehört eigentlich der Erzengel Michael mit der Seelenwaage, auf der die gottgefälligen Taten der Guten gegen die Sünden und Laster der Bösen abgewogen werden. Das wäre also die zweite Waage dieses Bildes, eine Grobwaage im Gegensatz zur Feinwaage in der Hand der Frau. Aber diesen Erzengel und seine Seelenwaage sieht man nicht. Und während auf der einen Seite des Bildes, zur Rechten des Weltenrichters, die Himmelfahrt der Gerechten deutlich zu erkennen ist, bleibt zu seiner Linken der Höllensturz der Sünder zum größeren Teil unsichtbar.

Unter diesen Umständen lese ich, gestützt auch auf Schopenhauers kunstästhetische Argumente, Vermeers Bild von der Goldwägerin, anders als es die Kunstkritik mehrheitlich tut, ohne besondere Betonung des altsymbolischen *Vanitas*-Motivs. Ein paar Perlenketten und andere Wertgegenstände als private HABE zu besitzen, das muss für die junge Frau auf diesem Bild kein Grund dafür sein, mit einem schlechten Gewissen zu leben und das Jüngste Gericht zu fürchten. Im Gegenteil, HAB UND GUT als ihr persönliches Eigentum zu besitzen und es in seiner Schönheit langsam betrachten zu können, dieses Glück dürfte für sie eher ein verlässliches Zeichen dafür sein, dass der Segen des Himmels auf ihrem Haus und Heim liegt, so wie auch die Frau selber, was der Betrachter nicht übersehen soll, «gesegneten Leibes» ist.

*

Eine dritte Waage, obwohl ebenfalls unsichtbar, könnte gleichwohl für die Malkunst Vermeers, wenn auch nicht gerade für dieses Bild, relevant sein. Ich beziehe mich auf eine Stelle in Marcel Prousts großem Romanwerk «Auf der Suche nach der verlorenen Zeit» (*A la recherche du temps perdu*).[6] Der Erzähler berichtet an einer viel beachteten Stelle des Romans von dem plötzlichen Tod des Schriftstellers und Kunstfreundes Bergotte. Dieser hat in Paris eine große Vermeer-Ausstellung besucht und an deren Exponaten besonders die kunstvolle Farbgebung des Malers bewundert. So wie Vermeer auf seinem Gemälde der Stadt Delft jedes Detail, selbst ein unbedeutendes Stück gelben Mauerwerks (*un petit pan de mur jaune*), als vollkommenes Kunstwerk gemalt hat, so und nicht anders hätte er, Bergotte, als Schriftsteller schreiben wollen und sollen. Auf einer «himmlischen Waage» (*céleste balance*), so sagt er bei sich, hätte er dann seine Worte so fein abwägen können, dass «jeder Satz in sich wertvoll» gewesen wäre. Doch so kunstvoll zu schreiben hat er leider nicht vermocht. Hat er also falsch gelebt? Während ihm solche und ähnliche Gedanken durch den Kopf gehen, ereilt ihn noch in den Räumen der Ausstellung ein plötzlicher Tod.

VIERTER ABSCHNITT

Buchführung und Bilanzen

WIE ROBINSON DAS SOLL UND DAS HABEN LERNT – MIT LUCA PACIOLI UND DANIEL DEFOE

Als eine große deutsche Bank für das stetige Wachstum ihrer Geschäftsbedürfnisse in der Frankfurter Innenstadt zwei große, nebeneinander liegende Bürotürme baute und bezog, fand der Frankfurter Volksmund alsbald einen passenden Namen für diese Zwillingstürme: SOLL und HABEN. Eine treffsichere Benennung!

Doch welcher der beiden Türme heißt nun SOLL und welcher HABEN? Klar ist nur, dass links der Soll-Turm und rechts der Haben-Turm stehen muss, denn das ist die Regel für die Buchführung nach SOLL und HABEN. Aber wo genau bei den vielen Hochhäusern des Frankfurter Bankenviertels links und wo rechts ist, das kommt auf den Standpunkt an, und der ergibt sich aus der doppelten Buchführung, wie sie seit dem späten Mittelalter für ein erfolgreiches Wirtschaftsleben entwickelt worden ist.

*

Die doppelte Buchführung (oder Buchhaltung) verdient, in einer Formulierung Goethes, das Interesse der Menschen im Leben und in der Literatur. Und so lässt er in seinem Roman «Wilhelm Meisters Lehrjahre» eine der Romanpersonen begeistert ausrufen: «Welche Vorteile gewährt die doppelte Buchhaltung dem Kaufmanne! Es ist eine der schönsten Erfindungen des menschlichen Geistes, und ein jeder gute Haushalter sollte sie in seiner Wirtschaft einführen.»[1] Zu verdanken ist diese Erfindung, wie so manches andere Erzeugnis findiger Köpfe, Italien. Es war im 14. Jahrhundert, dass Kaufleute verschiedener Städte Oberitaliens (Genua, Mailand, Florenz, Venedig) damit begannen, in ihren Geschäftsbüchern alle Vorgänge doppelt zu betrachten und sie zu diesem Zweck konsequent in zwei nebeneinander liegende Spalten einzutragen.

Die italienischen Kaufleute, die ihre Bücher damals bereits zumeist in der Volkssprache (*Volgare*), die Überschriften jedoch öfter noch lateinisch abfassten, führten für die beiden Spalten der doppelten Buchführung die Ausdrücke *debet dare* («soll geben») und *debet havere* («soll haben») ein, die sich jedoch in der Folgezeit über verschiedene Zwischenstufen mehr oder weniger stark verändert haben. In der neueren Praxis der italienischen Buchführung ist schließlich das Begriffspaar *DEVE* und *AVERE*, in der deutschen Praxis SOLL und HABEN übrig geblieben.

*

Um zu erfahren, was es zunächst bei den Italienern, dann bei den Kaufleuten der ganzen Welt mit der doppelten Buchführung auf sich hat, ist von einem Gelehrten zu berichten, der von Venedig aus die Kunst der Buchführung maßgeblich formuliert und damit für ganz Europa normiert hat. Das ist der aus Sansepolcro in der Toskana stammende Franziskanermönch Luca Pacioli (1445–1514), der sich an verschiedenen Orten Italiens vor allem als Mathematiker einen Namen gemacht hat.[2] Mit dem etwas jüngeren Leonardo da Vinci war er in Mailand väterlich befreundet und hat mit ihm allerhand wissenschaftliche und künstlerische Anregungen getauscht.

Das Hauptwerk des gelehrten Mönchs ist seine italienisch geschriebene, aber in einer Art Latein titulierte «*Summa de arithmetica, geometria, proportioni et proportionalita*» (Venedig 1494). Integraler Bestandteil dieses wissenschaftlichen Werkes, sozusagen als praktische Arithmetik, ist die Buchführung, lateinisch tituliert als «*Particularis de computis et scripturis*», wie sie alsbald als «venezianische Methode» ihren Weg durch die europäischen Kontore gemacht hat.

Nach Deutschland gelangte die doppelte Buchführung zunächst über den Erfahrungsaustausch in der Praxis, um dessentwillen schon um 1500 viele Jungkaufleute aus Süddeutschland zum Studium nach Venedig reisten. Die dazu gehörige Fachsprache wurde seit 1518 auch auf Deutsch ausgebildet. Eine vollständige Fassung der Buchführungslehre von Luca Pacioli erschien allerdings erst in einer Übersetzung von Balduin Penndorf im Jahr 1933.

*

Was ist nun der Punkt (oder der Doppelpunkt) der neuen Buchführung nach Pacioli, und wodurch unterscheidet sich diese Buchführung nach SOLL und HABEN von der einfachen Abrechnung nach Gewinn und Verlust? Die letztere erscheint ja auf den ersten Blick ganz plausibel, da sie genau weiß oder zu wissen meint, was für das betreffende Geschäft jeweils gut oder schlecht ist. Die doppelte Buchführung hingegen stellt die Frage der Bewertung eine Zeitlang zurück und konzentriert sich zuerst auf die vergleichende Betrachtung zweier Kontobewegungen. Die eine dieser beiden Bewegungen, SOLL genannt und in der linken Spalte verbucht, ist eine Her-Bewegung. Sie geht «von» einem Schuldner (*debitor*) aus. Die andere, HABEN genannt, ist eine Hin-Bewegung. Sie geht «an» einen Gläubiger (*creditor*). Die beiden Kontobewegungen können daher auch als zwei Modalitäten des HABENS ausbuchstabiert werden. In den Hauptbüchern der Kaufleute ist diese Bewegung immer von links nach rechts gerichtet. Das entspricht der Verlaufsrichtung, wie sie in Europa für die lateinische Schrift Norm und Gewohnheit ist.

Erst wenn die Beachtung dieser Regularien gesichert ist, wenn also jede Kontobewegung doppelt verbucht und somit keine Buchung ohne Gegenbuchung geblieben ist, kann die Frage aufgeworfen werden, ob das SOLL und das HABEN bei einem bilanzierenden Vergleich der beiden Spalten des Hauptbuches tatsächlich, wie es die goldene Geschäftsregel für die doppelte Buchführung verlangt, *per saldo* den gleichen Wert ergibt. Wenn diese Bilanz stimmt, hat der Geschäftsmann gut gewirtschaftet.

*

Seit der Mitte des 16. Jahrhunderts ist die doppelte Buchführung (*double-entry accounting system*) auch in England eingeführt. Es versteht sich von daher, dass ein Autor wie Daniel Defoe, der als Ökonom und Journalist sein Leben lang über Probleme der Wirtschaft und Gesellschaft nachgedacht und geschrieben hat, auch mit der Kunst der Buchführung vertraut war. Für die Nachwelt ist er jedoch vor allem als Verfasser des «*Robinson Crusoe*» (1719) im Gedächtnis geblieben. Doch spielt in dieser Abenteuergeschichte auch die Kunst der Buchführung eine maßgebliche Rolle.[3]

Von Abenteuerlust getrieben, hat sich der junge Robinson Crusoe, anstatt wie sein Vater in England ein bürgerliches Leben als solider Geschäftsmann zu führen, mehrfach nach Übersee gewagt. Bei einer dieser Seereisen geschieht es, dass ein Sturm sein Schiff an der Felsenküste einer tropischen Insel zerschellen lässt. Als einziger Überlebender kann Robinson sich aus dem Schiffbruch retten und findet sich als verlorener Bewohner einer einsamen Insel wieder.

Schon die erste Bestandaufnahme seiner «schrecklichen Errettung» (*dreadful deliverance*) ist für ihn entmutigend: «Ich HATTE nichts bei mir (*I HAD nothing*) außer Messer, Pfeife und Tabak». Zum Glück im Unglück ist aber das Wrack seines Schiffes noch nicht ganz gesunken. So HAT er noch die Zeit, sich auf einer kleinen Expedition zu diesem Wrack mit dem Nötigsten zu versorgen. Allerhand Werkzeuge und Waffen und vor allem die Bibel bilden nun seine HABE. Auch einen Hund und zwei Katzen HAT er noch als seine Gefährten bei sich. Sogar ein kleiner Vorrat an Geldmünzen fällt ihm in die Hände. Aber was soll er auf seiner Insel damit anfangen: *I HAVE no manner of use for thee!*». Schließlich nimmt er den nutzlosen Reichtum doch mit an Land. Wichtig für den unfreiwilligen Einsiedler: Er findet an Bord auch Papier, Federhalter und reichlich Tinte, so dass er eine Zeitlang Tagebuch führen kann. So bescheiden diese Zufallsfunde auch sind, Robinson braucht sein einsames Inselleben jedenfalls nicht als Urmensch zu beginnen, sondern wie ein zivilisierter Engländer.

Als erstes muss Robinson mit seinem Gewissen ins Reine kommen. Dabei geht er als Kaufmannssohn mit seinem Unglück streng rational um (*«by making the most rational judgment of things»*). Er zieht nämlich Bilanz (*account*) und trägt alles, was ihm widerfahren ist, entweder in die linke Spalte (bei ihm: *Evil*) oder in die rechte Spalte seiner Buchhaltung ein (bei ihm: *Good*). An Zeit für diese Tätigkeit fehlt es ihm nicht: *«I HAD time enough»*. Diese Buchführung, die Robinson mit kaufmännischer Akkuratesse für seinen Zustand anlegt, besteht in beiden Spalten aus sechs Positionen, bei denen jeweils das, was er noch IST, mit dem, was er noch HAT, vermischt ist, zum Beispiel in der ersten, vierten und sechsten Position:

I AM cast upon a horrible desolate island, void of all hope of recovery.	But I AM alive, and not drowned, as all my ship's company was.
I HAVE no clothes to cover me.	But I AM in a hot climate, where, if I HAD clothes, I could hardly wear them.
I HAVE no soul to speak to or relieve me.	But God wonderfully sent the ship in near enough to the shore, that I HAVE GOTTEN OUT so many necessary things as will either supply my wants, or enable me to supply myself even as long as I live.

[I/. Ich BIN auf eine schrecklich verlassene Insel verschlagen, ohne jede Hoffnung auf Rettung. – Aber ich BIN noch lebendig und nicht ertrunken, so wie es alle meine Schiffsgefährten sind. – iv/. Ich HABE keine Kleidung, meine Blöße zu bedecken. – Aber ich BIN in einem heißen Klima, wo ich, wenn ich Kleider HÄTTE, sie kaum tragen könnte. – VI/. Ich HABE keine Menschenseele, mit der ich sprechen oder bei der ich Trost finden könnte. – Aber Gott hat das Schiff wunderbar nahe ans Ufer gelenkt, so dass ich so viele nützliche Sachen herausschaffen konnte, wie sie entweder meinen Bedürfnissen entsprechen oder aber mir ermöglichen werden, mich für den Rest meines Lebens selber zu versorgen.]

Was für eine Art Buchführung ist es nun, zu der Robinson sich auf seiner einsamen Insel die Zeit nimmt? Es sieht zunächst nach einer einfachen Buchführung aus. Denn eine evaluierende Bilanzierung, wie sie von Robinson zwischen «*Evil*» und «*Good*» vorgenommen wird, entspricht nicht eigentlich den Regeln der doppelten Buchführung, sondern allenfalls jenen der einfachen Buchführung nach Gewinn und Verlust.

Soll das nun heißen, dass an dieser Stelle der Lektüre jemand den Finger erheben und kritisch anmerken dürfte: Hier, Robinson, stimmt deine Buchführung nicht mit den Regeln der professionellen Buchhalter überein! Nein, das wäre ganz unangebracht, wie sich deutlich an der Schlussbilanz dieser Buchführung zeigt, die als ein unmissverständliches Votum für eine doppelte Buchführung ganz anderer Art gelesen werden kann, da Gott selber als himmlischer Buchhalter in die menschlichen Geschäfte eingreift. Denn ob das, was einem Unglücksmenschen wie Robinson im Leben widerfährt, von ihm als positiv oder als negativ, als Gut oder als Übel zu bewerten ist, das zu bilanzieren, muss der göttlichen Heilsrechnung vorbehalten bleiben, und dann hat manche Fügung vom SOLL ins HABEN zu wandern. Diese nicht mehr nur irdische Buchführung liest sich im Text des Romans wie folgt:

> Upon the whole, here was an undoubted testimony, that there was scarce any condition in the world so miserable, but there was something NEGATIVE or something POSITIVE to be thankful for in it; and [...] that we may always find in it something to comfort ourselves from, and to set in the description of GOOD and EVIL, on the CREDIT SIDE of the account.
>
> [Aufs Ganze gesehen, lag hier nun ein unbezweifelbarer Beleg dafür vor, dass kaum jemals eine Lebensbedingung in der Welt so elend sein sollte, dass es in ihr nicht doch etwas Negatives oder etwas Positives geben könnte, für das dankbar zu sein wäre, und dass [...] wir in jedem Fall immer etwas Tröstliches finden können, dessentwegen Gutes und Böses auf die HABEN-Seite der Rechnung gehört.]

Die göttliche Vorsehung also als Buchhaltung aller Weltgeschäfte *(the Providence of Heaven, which disposes all things)* sorgt bei dem irdischen Buchhalter Robinson Crusoe für die fromme Einsicht, dass *sub specie aeternitatis* sowohl die Minus-Buchung «*Evil*» als auch die Plus-Buchung «*Good*» ein gottgewolltes und insofern gesegnetes HABEN bezeichnen.

*

Mit Mühen und Arbeiten für die Erhaltung seiner Existenz auf der einsamen Insel und mit täglicher Bibellektüre gehen für Robinson die Jahre dahin. Wird Gott, der alle Geschicke lenkt, wohl irgendwann wenigstens seinen sehnlichsten Wunsch erhören und ihm ein menschliches Wesen zuführen, mit dem er sich aussprechen kann? Immer wieder finden sich in seinem Tagebuch Aufzeichnungen wie: «Ich HATTE keine Gesellschaft» (*I HAD no society*). Schließlich entdeckt Robinson im 23. Jahr seiner Einsamkeit unvermutet im Sand des Strandes den Barfußabdruck eines Menschen. Eine tiefe Angst beschleicht ihn. Es gibt offenbar «Wilde» auf der Insel! Alles vorher GEHABTE Gottvertrauen (*as I HAD HAD*) fällt in sich zusammen. Doch nachdem die erste Angst verflogen ist, kommt ihm ein verwegener Gedanke: «einen dieser Wilden sich ANZUEIGNEN» (*to GET a savage in my POSSESSION*). Noch steht ihm allerdings eine schlimme Erfahrung bevor. Er muss zu seinem Entsetzen mit ansehen, wie mehrere Eingeborene, alle nackt, in einem Kanu anlanden mit dem Vorhaben, an zwei Gefangenen die «unmenschliche Sitte» (*inhuman custom*) des Kannibalismus zu praktizieren.

Es gelingt Robinson, mit Hilfe seiner Feuerwaffen einen dieser Gefangenen zu befreien. Der wird nun für immer sein dankbarer «Sklave» sein *(my slave forever)*. Er nennt ihn «Freitag» (*Friday*) und findet in ihm den ersehnten Gefährten, der ihm, obwohl er doch seiner Herkunft nach ein Wilder und Kannibale ist, auch menschlich recht gut gefällt, denn «er HATTE ein sehr gutes Wesen» (*he HAD a very good countenance*).

Dieses glückliche Naturell zeigt sich auch schon physiognomisch, denn der neue Gefährte scheint etwas sehr Männliches in seinen Gesichtszügen zu HABEN, und doch HAT er zugleich «alle Milde und Sanftheit eines Europäers in seinem Wesen». Also ein wirklicher Glücksfall und natürlich ein Fingerzeig für die Gnade Gottes, weshalb auch Freitag, der sich als sehr sprachbegabt erweist, alsbald in der christlichen Religion unterwiesen werden kann. Es beginnt nun für Robinson und seinen Gefährten (*my man Friday*) die angenehmste Phase der Inselzeit, wenngleich durch diesen, der einen gesunden Appetit zu HABEN scheint, mehr als doppelt so viel Arbeit anfällt wie zuvor: *«HAVING two mouths to feed instead of one»*.

Ich übergehe nun viele Begebenheiten, in denen die Insel unter ihrem «Gouverneur» Robinson Crusoe weitere eingeborene oder europäische Bewohner aufnimmt, so dass sie sich bald in eine kleine prosperierende «Kolonie» verwandelt. Und schließlich kommt auch ein Schiff vorbei. Alles wird gut. In jeder Hinsicht mit sich im Reinen, kann Robinson nach einem Vierteljahrhundert Inselleben, natürlich in Begleitung «seines» Freitag, nach Europa zurückkehren.

Damit ist jedoch in Daniel Defoes puritanischem Roman das Glück des guten Endes noch nicht vollkommen erreicht. Robinson HATTE, bevor er auf seine Insel verschlagen wurde, einige prosperierende Plantagen in Brasilien, wo Sklaven fleißig für ihn gearbeitet HABEN. Dieser Besitz, so stellt sich bei der Heimkehrbilanz (auch hier: «*account*») zu seiner angenehmen Überraschung heraus, ist von getreuen Verwaltern in gutem Zustand erhalten und über alles Erwarten vermehrt und zu hohem Wachstum («*height of improvement*») gebracht worden. Und über all diesen Besitz ist mit ihm bei seiner unvermuteten Heimkehr nach allen Regeln »verlässlicher Buchführung» (*faithful account*) aufs genaueste abgerechnet worden. «*I WAS now master, all of a sudden, of above L 5.000 in money, and HAD an estate, as I might well call it, in the Brasils.*» Zufrieden, Robinson? Nun ja, doch HAT er jetzt auch, wie er bald merkt, «mehr Sorgen am Hals, als er sie bei seinem ruhigen Lebenswandel auf der Insel GEHABT HATTE» (*I HAD more care about my head now than I HAD in my state of life in the island*). Eine ordentliche Buchführung braucht er jedenfalls nunmehr alle Tage.

Als er die Insel, deren Gouverneur er gewesen war, nach ein paar Jahren noch einmal als Reisender besucht, ist es für ihn selbstverständlich, dass sie in sein persönliches Eigentum (*property*) übergegangen ist. So erlebt er seine Abenteuer im Rückblick als eine zwar etwas umständliche, jedoch seiner Überzeugung nach durchaus rechtmäßige kolonialistische Landnahme im Dienste der europäischen Zivilisation. Und so kann dieser Abenteuerroman seit Karl Marx auch kritisch gegengelesen werden als eine beunruhigende Lektion zur Geschichte des Kapitalismus und Kolonialismus.[4]

– 24 –

MEPHISTOPHELES HAT SEINE FREUDE DRAN

Am Anfang von Goethes Faust-Drama muss man sich den Doktor Faust etwa sechzigjährig vorstellen. Er ist davon überzeugt, dass er das Beste von seinem Leben und Streben bereits hinter sich hat. Es ist Zeit, das Fazit zu ziehen[1]. Es fällt beklemmend aus:

> HABE nun, ach, Philosophie,
> Juristerei und Medizin
> Und leider auch Theologie
> Durchaus studiert mit heißem Bemühn …

Dieser Eingangsmonolog des an sich selber und an seiner Kunst verzweifelnden Wissenschaftlers wird geprägt durch das Tempus Perfekt mit markanter Spitzenstellung der Verbform HABE (als «Hilfsverb») und Endstellung des ihm zugeordneten Partizips «studiert», von dem es durch den Katalog der vier nutzlos studierten Wissenschaften getrennt ist. Es verwundert nicht, dass nach einer so fatalen Lebensbilanz nichts als Verzweiflung übrig bleibt.

Es kommt anders. Zuerst die Osterglocken, dann Mephistopheles und die Teufelswette, ein neues Leben. Unter den Verlockungen, die Mephistopheles seinem Adepten dienstwillig anbietet, erweist sich fürs erste am wirksamsten die Hexerei der Verjüngung um genau dreißig Jahre, die Zeit einer Generation. Aus dem mürrischen Professor wird ein junger Galan, der darauf brennt, seine Manneskraft zu beweisen.

Margarete tritt auf, Gretchen. Faust ist entflammt. Aber das tugendhafte Mädchen widersteht standhaft auch den dreistesten Annäherungen. Es scheint, dass Faust ohne eine wirksame Unterstützung seiner Werbung durch Mephistopheles sein Ziel nicht erreichen wird, wenigstens nicht so schnell, wie er es verlangt. Der Teufel aber winkt zum Schein ab: «Über die HAB' ich keine Gewalt». Der Galan möge es doch auf die übliche Art probieren, «wie ein Franzos».

Mephistopheles
Was hilft's nur g'rade zu genießen?
Die Freud' ist lange nicht so groß,
Als wenn ihr erst heraus, herum,
Durch allerlei Brimborium,
Das Püppchen geknetet und zugericht't,
Wie's lehret manche welsche Geschicht'.
Faust
HAB' Appetit auch ohne das.

Schließlich gibt Mephistopheles nach und kapituliert vor Fausts unbändiger und vor allem eiliger «Liebeslust»:

Mephistopheles
Will Euch noch heut' in ihr Zimmer führen.
Faust
Und soll sie sehn? sie HABEN?

Aber Geduld! Noch ist es nicht so weit. Die Jungfer hat eigene Gedanken im Kopf. Gegen Mephistopheles verspürt sie eine instinktive Abneigung, und auch bei Faust, den sie zwar liebt, kommen ihr einige Zweifel, vor allem, was seine Frömmigkeit betrifft. Und so stellt sie an Faust die Vertrauensfrage:

Margarete
Nun sag', wie HAST du's mit der Religion?
Faust (nach einigen Ausflüchten)
Ich HABE keinen Namen
Dafür!
Margarete
Wenn man's so hört, möcht's leidlich scheinen,
Steht aber doch immer schief darum;
Denn du HAST kein Christentum.

Nach dieser kleinen Verzögerung in seinem Liebesstreben kommt Faust doch noch an sein Ziel. Die Liebesgeschichte endet als bürgerliches Trauerspiel. Für Margarete ist mit dem Unglück die Schande verbunden, dass sie zugleich mit der Jungfräulichkeit ihre Ehre verloren hat. So muss sie sich sogar von ihrem Bruder Valentin, der als Soldat ehrbewusst seinen Dienst tut, in aller Öffentlichkeit beschimpfen lassen:

Valentin
Und wenn dich erst ein Dutzend HAT,
So HAT dich auch die ganze Stadt.

Im Zorn seiner Schandrede fällt der Bruder noch einmal aus der Sprache des HABENS, mit der er über Ehre und Ehrlosigkeit befunden hatte, in die Sprache des SEINS zurück, in der er seine Verurteilung zusammenfasst:

Valentin
Du BIST doch nun einmal eine Hur',
So SEI's auch eben recht.

Des Teufels Meinung dazu, beiseite gesprochen:

Mephistopheles
HAB' ich doch meine Freude dran!

*

Aber nun Goethe selber, wie hat er dieses bürgerliche Trauerspiel als Episode seines Faust-Dramas erfinden und schreiben können? Wem gehören hier seine menschlichen Sympathien: dem Opfer, dem Täter, dem Verführer? Und hat Margarete mit ihren instinktiven Zweifeln an der nicht sehr christlichen Frömmigkeit des verliebten Galans Faust hinter dessen Rücken vielleicht auch den Autor selbst getroffen? Dazu steht manches in den anderen Werken Goethes zu lesen, zum Beispiel in diesem Vierzeiler aus den «Zahmen Xenien»:

Wer Wissenschaft und Kunst besitzt,
HAT auch Religion.
Wer jene beiden nicht besitzt,
Der HABE Religion.

Was hier allerdings Religion bedeutet, möchte wohl manch einer noch genauer wissen – und kann es auch in der gelehrten Goethe-Literatur, zum Beispiel bei Hans-Jürgen Schings, gut erklärt finden.[2]

DIE NUR NOCH SICH SELBER HABEN: ROMEO UND JULIA AUF DEM DORFE - MIT GOTTFRIED KELLER

In einer Vorlesung von 1821/22 zur Philosophie des Rechts hat Hegel den Satz formuliert: «Das ist die erste Bedingung eines Bürgers, dass er Person IST und Privateigentum HAT»[1]. Mit diesem Lehrsatz hat der Philosoph nach SEIN und HABEN den Besitzbürger definiert, so wie er in der Neuzeit die Bühne der Geschichte betreten hat. Es ist der Bürger oder Bourgeois, der auch bereit und willens ist, sein Privateigentum als Vermögen wirtschaftlich zu mobilisieren, damit es sich mehrt und «Wachstum» hervorbringt.

Welche Veränderungen und Verwerfungen aus diesem dynamischen NEU-HABEN des Besitzbürgers im Kontrast zu dem konservativen ALT-HABEN des adeligen oder bäuerlichen Grundbesitzers entstanden sind und welche Gegenkräfte des proletarischen NICHT-HABENS dadurch geweckt wurden, ist kontroverser Gegenstand vieler Geschichtsbücher. Wie weit jedoch diese Konflikte, von den industriellen Zentren ausgehend, auch die bäuerliche Peripherie verstört haben, wird am zuverlässigsten von der Literatur dokumentiert. Als literarische Fallstudie für diese Verhältnisse scheint mir die viel gelesene Novelle «Romeo und Julia auf dem Dorfe» des Schweizers Gottfried Keller aus dem Jahre 1856 gut geeignet zu sein.[2]

Warum nur diese kleine dörfliche Geschichte und nicht Shakespeares großes Drama mit dem bekannteren Unglückspaar Romeo und Julia aus Verona? Weil der Familienkonflikt, der bei Shakespeare in die Tragödie mündet, in Adelskreisen spielt und in erster Linie machtpolitisch motiviert ist. Bei Keller sind es demgegenüber die rein wirtschaftlichen Faktoren Besitz und Eigentum, die das junge Paar Salomon und Veronika, in der Novelle Sali und Vrenchen genannt, in den Tod treiben.

*

Handlungsort der Novelle ist ein namentlich nicht genanntes Dorf in der Schweiz. Die beiden Bauern Manz und Marti könnten wohl mit ihren Familien von dem Ackerland, das sie besitzen, sorgenfrei existieren. Unbeschwert wachsen auch ihre Kinder heran: Sali im Hause Manz und Vrenchen im Hause Marti. Jede der beiden Familien könnte also zufrieden und glücklich leben.

Nun will es aber der Zufall, dass zwischen dem Grundbesitz des einen und des anderen Bauern ein ungefähr gleich großes Stück Ackerland liegt, für das kein Eigentümer zu ermitteln ist. Auf dieses Stück Land richtet sich mit wachsender Begierde das wirtschaftliche Interesse der Männer, die sich beide HABGIERIG ausmalen, welchen Vorteil sie davon HÄTTEN, wenn ihnen dieser Acker auch noch gehörte. Solange nun die Rechtslage von Amts wegen ungeklärt ist, lenken die beiden Bauern im stillschweigenden Einvernehmen den Pflug immer so, dass ein Streifen nach dem andern von dem herrenlosen Acker mit untergepflügt und dem eigenen Besitz zugeschlagen wird. Zugleich laden sie von beiden Seiten alles lästige Gestein und Gestrüpp auf dem brachliegenden Mittelstreifen ab, so dass sie mit der Zeit, im doppelten Sinne des Wortes, immer mehr aneinander geraten.

Streit und Zank bleiben jetzt nicht mehr aus. Sie entzünden sich vor allem an den Schnörkeln, Zipfeln und krummen Ecken, mit denen bald der eine, bald der andere beim Pflügen seinen Vorteil zu mehren sucht. Denn «alles muss zuletzt eine ordentliche grade Art HABEN, [...] wie nach dem Richtscheit gezeichnet». Schließlich gehen eines Tages die beiden Streitenden auf einem Brückensteg (das ist ein altes Fabelmotiv!) wie «wilde Tiere» aufeinander los und schlagen mit Fäusten aufeinander ein. Es resultiert daraus ein langjähriges Prozessieren, bei dem keiner nachgeben will: «Je mehr Geld sie verloren, desto sehnsüchtiger wünschten sie welches zu HABEN, und je weniger sie BESASSEN, desto hartnäckiger dachten sie reich zu werden und es dem andern zuvorzutun.» Tatsächlich aber treiben sie sich gegenseitig in den Ruin. Beide Bauern müssen Haus und Hof verlassen und verlieren somit ihren ganzen unbeweglichen Besitz. So weit der erste Akt mit der

Exposition des Dramas (im Sinne von Theodor Storm: Die Novelle ist die Schwester des Dramas).[3]

Im zweiten Akt kommt eine ganz andere Art des HABENS ins dramatische Geschehen. Denn es kann nicht ausbleiben, dass in den Hass und Streit ihrer Väter auch die heranwachsenden Kinder hineingerissen werden. Gerade sie aber – Romeo und Julia auf dem Dorfe – entdecken, dass sie einander «RECHT LIEB HABEN». Und Vrenchen spricht das auch so aus: «Dies ist also eine ausgemachte Sache, dass jedes von uns einen Schatz HAT». Selbst die erbitterte Feindschaft der Väter kann die beiden jungen Leute auf Dauer nicht daran hindern, sich heimlich zu treffen. Doch als der Vater Marti sie eines Tages ausspäht und Sali tätlich bedroht, weiß der Bursche sich nicht anders zu helfen, als mit einem Stein nach ihm zu schlagen. Der Vater bricht zusammen und erlangt sein Bewusstsein nicht wieder. In einem Asyl vegetiert er fortan vor sich hin. Bald wird auch sein ganzer beweglicher Besitz, in der Sprache der Novelle seine FAHRHABE, verschleudert, und seine Tochter Vrenchen muss mit einem Beutel für ihr HABSELIGES davonziehen. Auch Sali befindet sich in einer ähnlich verzweifelten Lage. Seine Eltern betreiben jetzt eine übel beleumundete Schenke und halten sich nur noch als Hehler einer Diebesbande über Wasser. Doch der Bursche bleibt in Gegenwart der geliebten Schicksalsgefährtin hoffnungsvoll: «Wer dich HAT, der muss meinen, er SEI im Himmelreich».

Am Ende des zweiten Aktes ist der dramatische Scheitelpunkt mit dem Glückswechsel (der «Peripetie») der Novellenhandlung erreicht. Spätestens jetzt kann der Leser wissen, dass die Novelle nicht gut enden kann. Ein warnendes Beispiel steht hier den beiden Liebesleuten vor Augen in Gestalt des «Schwarzen Geigers», der heimatlos über Land zieht und sich mühsam von seiner Musikantenkunst ernährt. Nach einer Andeutung der Erzählung ist ausgerechnet er vielleicht der rechtmäßige Eigentümer des strittigen Ackerstreifens, doch verfügt der Heimatlose über keinen Besitztitel, um seine Ansprüche amtlich zu beweisen. So bleibt er, weil besitzlos, auch heimatlos und ehrlos, und sein Name wird in die Bürgerliste keiner Schweizer Gemeinde eingetragen. Ein «ordentliches» Leben kann er nicht mehr führen.

Ebendies ist der tiefe Wunsch der Liebenden im dritten Akt dieser Geschichte. Sie würden so gerne «sittsam und arbeitsam» leben und sich dabei einfach GERN HABEN als ein «wohlgefälliges ehrsames Pärchen». Warum nur, fragt Vrenchen ihren Gefährten, «sollen wir uns nicht HABEN und glücklich SEIN?» Doch dazu müssten sie einander, wie sie wohl wissen, «von Rechts wegen angehören», und das ist ihnen verwehrt, da sie nun Obdachlose SIND und wie die Schnecken ihre ganze Wohnung mit sich tragen. «Andere HABEN wir nicht». Auch der Erzähler bekräftigt in einer längeren Einrede das deutliche Bewusstsein seiner beiden Protagonisten, «in der bürgerlichen Welt nur in einer ganz ehrlichen und gewissenfreien [das heißt, von Gewissensbissen freien] Ehe glücklich sein zu können», und das bedeutet – im wörtlichen und übertragenen Sinne – «auf einem guten Grund und Boden» zu leben.

Der vierte Akt deutet, wie in vielen echten Dramen üblich, den illusionären Schein eines glücklichen Ausgangs an. Der Schwarze Geiger hält von der Höhe des Steinhaufens herab eine bitter-tröstende Rede an die Kinder der Unglücksbauern: «Da steht ihr nun und HÄTTET euch GERN». Was kann er ihnen noch raten? «Lasst fahren die Welt!» Das würde für sie allerdings bedeuten, auf alle Ehre und gute Sitte zu verzichten und ohne Trauschein und ohne den Segen des Pfarrers in wilder Ehe zu leben: «Dann SEID ihr alle Sorgen los und HABT euch für immer und ewiglich».

Für eine kurze Zeit glücklicher Unbesonnenheit lassen sich Sali und Vrenchen von den lockenden Worten des Geigers einfangen und schließen sich einem Zug lustiger Gesellen an, die eine groteske Trauungszeremonie für sie inszenieren. Doch hält dieser Trost nicht lange vor, und die Handlung nimmt ohne weitere retardierende Momente ihren Gang auf das tragische Ende zu.

Es zeigt sich im fünften und letzten Akt, dass beide Liebesleute schon seit längerem, nachdem sie ihre «letzte HABE» aufgezehrt haben, das Bewusstsein teilen, dass nur noch der gemeinsame Liebestod auf sie wartet. «So HABEN wir die gleichen Gedanken GEHABT!» Ein kleines Schiff, mit Heu beladen, findet sich leicht erreichbar am Ufer des Flusses, als «ein Bett, wie noch keine Braut GEHABT». Doch bevor sie nach dieser Hochzeitsnacht eng vereint ins Wasser gleiten, wenden sie ihre letzten Gedanken noch an das unerlaubt in BESITZ genommene Totenschiff, das ohne Steuerung flussabwärts treibt. Das wird aber kein großer Schaden für die Besitzer sein, denn «sie werden ihr EIGENTUM unten wieder finden».

SOLL UND HABEN IN PREUSSEN – MIT GUSTAV FREYTAG

In der Breslauer Warenhandlung T. O. Schröter, in deren Geschäftsräumen der Schriftsteller Gustav Freytag (1816–1895) viele Szenen seines Romans «Soll und HABEN» (1855) angesiedelt hat, wird im Kontor des Prinzipals Traugott Schröter die doppelte Buchführung akkurat nach dem Prinzip «Soll und HABEN» praktiziert. Was in den mehr als 25 Geschäftsjahren der Firma in die linke und was in die rechte Spalte dieser Bücher eingetragen wird, das füllt mit vielen geschäftskundig erzählten Begebenheiten die mehr als 800 Seiten dieses über lange Zeiträume beim deutschen Lesepublikum höchst beliebten und erfolgreichen Bildungsromans.[1]

Ein Bildungsroman ist Gustav Freytags Romanwerk «Soll und HABEN» insofern, als schon auf den ersten Seiten zwei junge Leute eingeführt werden, die ein grundverschiedenes, ja gegenläufiges Leben im damaligen preußisch-polnischen Grenzland Schlesien vor sich haben. Da ist auf der einen Seite der arme, aber kreuzbrave Anton Wohlfahrt, der als Lehrling in die Firma T. O. Schröter eintritt und sich in ihr durch Fleiß und Redlichkeit bis zum Kompagnon des Prinzipals hocharbeitet. Er wird im Roman mehrfach als «unser Held» oder «unser Anton» apostrophiert und auf diese Weise für die Lektüre als Leitfigur und Sympathieträger ausgewiesen. Sein jüdischer Gegenspieler ist der gleichaltrige, ebenfalls zunächst bitterarme, aber schlaue und von Natur aus geschäftstüchtige Veitel Itzig, den der Autor durch viele seiner Eigenschaften eher für die Antipathie des Lesers präpariert.

Schon am scharf ausgeprägten Kontrast dieser beiden Charaktere wird deutlich, wie Gustav Freytag in seinem Roman mit dem Soll und dem HABEN verfahren will. Anton Wohlfahrt verkörpert solche deutsch-bürgerlichen Tugenden wie Ordnungsliebe, Fleiß und Zuverlässigkeit und ist der nette Kerl schlechthin. Arm und bescheiden, will er sich nicht einmal einen neuen Anzug auf Pump leisten («Ich HABE kein Geld»). Auch ist er immer mit sich im Reinen und zweifelt nie, wohin er gehört («Er HATTE jetzt eine Heimat»). Für ihn steht ganz außer Frage, dass er durch seinen kaufmännischen Beruf fest auf der Seite, wenn nicht der WOHLHABENDEN, so doch der HABENDEN steht.

Sein gewitzter Gegenspieler Veitel Itzig sieht das HABEN nicht so gottgegeben an wie Anton Wohlfahrt. Und so phantasiert er schon als junger Mann über die Kunst, mit Hilfe des Geldes das HABEN in Bewegung zu setzen, eventuell auch an den Regeln der bürgerlichen Moral vorbei. Sein Rezept ist einfach: «Es ist doch zu machen, dass man kauft von jedem Menschen, was er HAT.» Und das kann am Ende mit Geschick und etwas Gerissenheit auch ein Rittergut sein: «Wenn du willst HABEN das Gut von diesem Baron, ich will dir's kaufen.» In seinem Denken existiert das HABEN nur als ein transitorischer Moment zwischen Zufluss und Abfluss des Geldes.

Die skizzierte Anlage des Romans, ausgehend von den Kontrastpersonen Anton Wohlfahrt und Veitel Itzig, darf jedoch nicht übersehen lassen, dass der Kampf um das HABEN mit vollem Einsatz eigentlich auf einer anderen Ebene geführt wird. Zwei weitere Romanpersonen, der schlesische Großgrundbesitzer Freiherr von Rothsattel, der sein Geschlecht bis auf die Kreuzzüge zurückführen kann, und der neureiche Geldhändler Hirsch Ehrenthal, der aus Galizien zugewandert ist, interagieren in einem zähen und fast lebenslangen Ringen um die erfolgreichste Form des Wirtschaftens. An ihnen will der Autor prototypisch darstellen, welche Art des HABENS in dieser Zeit des gesellschaftlichen Wandels die Oberhand behalten wird: das ALT-HABEN des Freiherrn mit seinem festen Sitz auf schlesischem Grund und Boden oder das NEU-HABEN des Spekulanten, der sein Geschäft von einer krummen Seitengasse der großen Stadt aus betreibt. Durch seine Schläue und Geschicklichkeit ist eigentlich dieser modern denkende Jude in seiner Geschäftswelt für die Rolle des Gewinners wie geschaffen, doch treten im Fortgang des Romangeschehens einige unvorhergesehene Umstände auf, die das Spiel schließlich für beide Kontrahenten als ein *no-win game* ausgehen lassen.

Aus welchen Gründen sich der wohlhabende Freiherr (oder Baron) von Rothsattel überhaupt um Geldsachen kümmern, geschweige denn sorgen muss, ist anfangs unklar. Als «Musterbild eines adligen Rittergutsbesitzers» (so der Erzähler) HAT er ja seinen Landbesitz, HAT er sein Herrenhaus, HAT er eine schöne Frau und zwei gesunde Kinder, so dass Hirsch Ehrenthal ihn scheinbar verwundert fragen kann: «Was HABEN Sie NÖTIG, Geld zu verdienen?» Sollte das aber gleichwohl der Fall sein, so weiß der Geldhändler, wie man die beiden Mächte Geld und Zeit zusammenbringen und wie man mit ihnen erfolgreich wirtschaften kann, «wenn man bar Geld oder Pfandbriefe HAT zu rechter Zeit». Also, Herr Baron, «so steht Ihnen Kapital zu Gebot, so viel Sie HABEN wollen».

Braucht nun der Rittergutsbesitzer überhaupt Kapital, das heißt, disponibles Geld? Sein Herrenhaus steht doch fest gegründet auf reichlich bemessenem Grund und Boden. Ein Mann des Landadels, wie er es von Geburt IST, könnte sich also auf die Stabilität des Raumes verlassen und vom Wirtschaftsfaktor Zeit unbesorgt absehen. Doch hat die Zeit ihre Tücken. Für den Freiherrn macht sie sich zunächst in der Weise bemerkbar, dass er darüber nachdenkt, wie er sein Rittergut beim Übergang zur nachfolgenden Generation verlässlich absichern kann. Und in dieser Hinsicht zeigt sich an ihm alsbald: «Er HAT seine Schwächen.» Denn der Sohn Eugen hat es zwar zum schneidigen Husarenoffizier gebracht, im Kasino jedoch verfällt er der Spielsucht und macht hohe Schulden. Auch die Tochter Lenore gibt zu einiger Besorgnis Anlass, so dass die Baronin erkennen muss: «Ich fürchte, sie ist in Gefahr, ein Original zu werden». Für solche Abweichungen von der Norm ist in dem Weltbild dieser grundadeligen Familie kein Platz vorgesehen.

Und so tritt der Freiherr mutig in ernsthafte Überlegungen ein, wie er sein so stabil erscheinendes Gut «für alle Zukunft» krisenfest machen kann. Bei diesen Geschäften lässt er sich von dem erfahrenen Geschäftsmann Hirsch Ehrenfeld beraten, nur dunkel ahnend, dass dieser Mann dabei auch seine eigenen Interessen im Auge haben könnte. Von ihm, den er sonst nur von oben herab zur Kenntnis nimmt («Es IST *nur* Ehrenthal»), lernt er in einem Schnellkurs, dass Reichtümer, die man nur LIEGEN HAT, so tot sind, «als ob sie nicht vorhanden wären in der Welt». Von solchen Ratschlägen beeindruckt, beschließt der Freiherr, auf dem Gelände seines Ritterguts eine Zuckerfabrik zu bauen und diese sogar selber zu betreiben.

Und dafür braucht er Geld, flüssiges Geld. So belastet nun der neue Fabrikant sein Gut mit allerhand Hypotheken und findet sich damit ab, dass er «einige tausend Taler Schulden auf seinem Gute HABEN wird». Es kommt, wie es bei einem unerfahrenen Mann seines Standes kommen muss. Er gerät in die Fristenfalle und muss bekennen, dass er zahlungsunfähig ist: «Ich HABE morgen zu zahlen zehntausend Taler». Er hat sich gröblich verspekuliert und ist von einem Tag auf den andern «ein ruinierter Mann». Von seinem Besitz ist das meiste, bis auf ein paar HABSELIGKEITEN, verloren. Und da der Freiherr bei seinen finanziellen Verpflichtungen auch sein Ehrenwort gebrochen hat, schießt er sich eine Kugel durch den Kopf. Der Selbstmord misslingt. Erblindet lebt er sein Leben zu Ende.

An dieser Stelle verlassen wir den unglücklichen Glücksritter und wenden uns seinem tüchtigeren Geschäftspartner Ehrenthal zu, der an den misslungenen Geschäften des Freiherrn nicht schlecht verdient hat. Kann sich also dieser tüchtige Geldhändler schon bald seiner guten Geschäftserfolge erfreuen, vielleicht sogar mit seiner Familie in das leerstehende Herrenhaus einziehen? So weit kommt es nicht. Denn der glückliche Geschäftsmann hat auch seine Schwachstellen. Da ist vor allem sein Sohn Bernhard. Dieser wird eingeführt als ein sympathischer Mensch «mit feinen Gesichtszügen und einem zarten Körper». Als Universalerbe und Nachfolger im Geschäft kommt er jedoch zur tiefen Enttäuschung des Vaters nicht in Betracht. Denn «er HAT seinen eigenen Willen» und «HAT keine andere Freude als an seinen Büchern». Er will nicht Besitzbürger, sondern Bildungsbürger sein. Und so liest er am liebsten alte englische Autoren und übersetzt klassische Gedichte aus dem Persischen. Mit dem ehrbaren Kaufmann Anton Wohlfahrt ist er eng befreundet. Als der Sohn erfährt, in welche Notlage der Gutsherr durch das rabiate Geschäftsgebaren seines Vaters geraten ist, setzt er diesen unter Druck und droht ihm, er werde sich von allen Familienbanden lossagen, wenn er sich seines Vaters schämen müsste. Der Vater gibt schweren Herzens nach. Mit weniger Skrupeln führt nun der Prokurist Veitel Itzig seine Geschäfte zu Ende. An der hoffnungslosen Lage des Freiherrn ändert sich dadurch nichts. Sein Rittergut wird versteigert.

Zum Glück im Unglück für die Familie Rothsattel erklärt sich in dieser fatalen Lage der nun schon recht geschäftstüchtige Kaufmann Anton Wohlfahrt bereit, aus der Firma T. O. Schröter auszusteigen und für den invaliden Freiherrn als Verwalter tätig zu werden. Es gelingt ihm auch in relativ kurzer Zeit, ein herrschaftliches Anwesen in Polen, das gerade «billig zu HABEN» ist, aus einer Konkursmasse aufzukaufen und mit «deutscher Tatkraft» wieder hochzubringen. Unter diesen Umständen verläuft die weitere Handlung im letzten Drittel des Romans in angestrengter Betriebsamkeit, unterbrochen nur von allerhand quasi kriegerischen Aktivitäten zur Verteidigung des preußischen Anwesens gegen polnische Aufständische. Der Leser soll sich am Ende die solide Zukunft vorstellen können, «welche das Gut jetzt HAT».

*

Was ist nun von einem Roman zu halten, dessen Handlung in eine so ambivalente Konstellation hineingestellt wird? Seit langem ist gegen den Autor der Vorwurf erhoben worden, er habe einen antisemitischen Roman geschrieben.[2] In der Tat kommen, wie wir gesehen haben, im Personal des Romans mehrere Juden vor, die zu satirischen Zwecken karikiert werden, besonders auffällig mittels der vom Autor mit Vorliebe praktizierten Namensatire. Nun ist durch verschiedene Schriften von Dietz Bering gut bekannt geworden, wie die jüdische Bevölkerung im 19. Jahrhundert von der preußischen und deutschen Verwaltung gezwungen wurde, zu ihren jüdischen Namen und Vaternamen noch deutsche Nachnamen anzunehmen, im Prinzip nach eigener Wahl.[3] Die Versuchung war groß, zu diesem Zweck «schöne» Namen zu wählen, ohne zu bedenken, dass Juden gerade durch diese Wunschnamen, mehr noch als vorher, gesellschaftlich auffällig wurden. So ist auch in diesem Roman der Wunschname «Ehrenthal» gerade deshalb auffällig und für Ironie und Satire anfällig, weil der adelig-bürgerliche Ehrenkodex Juden ausdrücklich vom Besitz der Ehre ausschloss. Auf andere, aber ähnlich wirkende Weise ist der Name Itzig auffällig, da er leicht als jüdischer Tarnname (für «Isaak») zu erkennen ist. Aber solche «sprechenden» Namen hat der Autor auch für manche anderen Romanpersonen ausgewählt, zum Beispiel für die Nichtjuden Anton «Wohlfahrt» wie auch für den Freiherrn von «Rothsattel», der daher, als er in den Ruin geraten ist, sich als «Rotschwanz» beschimpfen lassen muss.

Solche und ähnliche Beobachtungen an den jüdischen und nichtjüdischen Personen des Romans stützen also kaum oder überhaupt nicht den vornehmlich aus der karikaturistischen Namengebung gegen Gustav Freytag abgeleiteten Verdacht, er habe sein Buch mit antisemitischen Intentionen geschrieben. Es konnte zur Entstehungszeit des Romans als legitimes literarisches Verfahren gelten, die Charaktere eines Romans oder Dramas mit kräftigen Strichen zu zeichnen und zu überzeichnen, so dass Theodor Fontane den Roman seines Kollegen, jedoch mit Vorbehalten, einen «humoristischen Roman» nennen konnte.[4]

Es ist jedoch nicht von der Hand zu weisen, dass der Autor gleichwohl mit diesem «Humor» bei einem Teil seiner Leserschaft auch deren antisemitische Vorurteile bedient hat und darüber selber erschrocken war. Jedenfalls hat er in seinem späteren Leben nach «Soll und Haben» viele Zeichen gesetzt, die an seiner politisch-moralischen Aufgeschlossenheit gegenüber seinen jüdischen Mitbürgern, einschließlich der «Ostjuden» und «Schacherjuden», keinen Zweifel lassen sollten. So hat er in einer scharfen Polemik gegen Richard Wagner, der nun wirklich ein Judenfeind war, deutlich Stellung bezogen für seine, so wörtlich, «jüdischen Mitbürger», von denen er schreibt: «Sie selbst HABEN jedes Recht, sich ihrer energischen Lebenskraft und Bildungsfreundlichkeit zu freuen.»

*

Tief ärgerlich bleibt hingegen bei der Lektüre des Romans (besonders bei den in der Komposition nachgeschobenen Schlussabschnitten, die auf polnischem Territorium spielen), dass der Autor als Grenzlanddeutscher für die polnische Bevölkerung und überhaupt für die slawische «Rasse» (so wörtlich im Text) nur Geringschätzung übrig hat. Der langatmige Erzählerbericht über die alltäglichen Mühen bei der Bewirtschaftung des zweiten Ritterguts, die mit verbissenem Fleiß im polnischen Nachbarland betrieben wird, ist daher gleichzeitig die Geschichte einer kolonialistischen Landnahme, die mit nichts als einer bösartigen Herrenrassen-Ideologie gegenüber dem europäischen

Nachbarn motiviert wird. Es macht die Sache nur noch schlimmer, dass sich ausgerechnet die vom Autor ausersehenen Sympathieträger für alle möglichen «deutschen Tugenden» zu Wortführern dumpf-rassistischer Arroganz gegenüber der «polnischen Wirtschaft» hergeben lassen müssen: der Patrizier Traugott Schröter und sein späterer Kompagnon Anton Wohlfahrt. In ihren verschrobenen Vorurteilen ist für die Polen und andere slawische Völker nur ein ärmlicher Platz am Rande der Gesellschaft übrig, denn «sie HABEN keinen Bürgerstand» (Wohlfahrt). Und: «Sie HABEN keine Kultur» (Schröter).

– 27 –

WOZU HAT PARIS EINE BÖRSE? – MIT EMILE ZOLA

Der Roman «Das Geld» (*L'Argent*) von Emile Zola (1840–1902) kann in mehrfacher Hinsicht als Kontrastprogramm zu Gustav Freytags Roman «Soll und Haben» gelesen werden. Er ist 36 Jahre später als dieser, nämlich 1891, erschienen.[1] Damals war Zola schon mit seinen frühen Werken ein in Frankreich sehr angesehener Schriftsteller. Er war jedoch noch nicht der in ganz Europa bekannte Wortführer der Liberalen und «Intellektuellen», der er ein paar Jahre später im politischen Streit um den Dreyfus-Prozess werden sollte.

Zolas Roman spielt in der Finanzwelt des *Second Empire*. Das war, in den sechziger Jahren des 19. Jahrhunderts, eine Epoche, in der in Frankreich die Wirtschaft boomte und die Börse fieberte. Es ist einleuchtend, dass unter diesen Bedingungen auch die Literatur mit Zola ganz andere Fragen aufwarf, als sie eine Generation zuvor Gustav Freytag für das Wirtschaftsleben einer preußischen Provinz gestellt hatte (vgl. Kap. 26). Das gilt auch für die Modalitäten, die das HABEN als Wirtschaftsfaktor betreffen. Bei Gustav Freytag hatte sich die Romanhandlung an zwei von Grund auf verschiedenen Erscheinungsformen des HABENS orientiert, dem unbeweglichen HABEN als Grundbesitz des Landadels (*res immobiles*) und dem beweglichen HABEN der Waren (*res mobiles*), wie sie von einem soliden Handelshaus als «fahrende» Güter durch ganz Europa bewegt wurden. Zwischen diese beiden Altformen des HABENS drängte sich, von Freytag in seiner Dynamik nur unwillig registriert, das nach wechselnden Bedürfnissen schnell disponible Kapitalvermögen des neureichen Bürgertums mit jüdischen Geldhändlern an der Spitze der wirtschaftlichen Dynamik.

Bei Emile Zola wird das alles anders. Bei ihm findet man die Gewichte des HABENS radikal verschoben. Der von den Vorfahren ererbte Besitz an Grund und Boden, dem noch Gustav Freytags heimliche

Liebe und Bewunderung gehörte, wird bei Zola nur knapp erwähnt am Rande des Geschehens, insofern mit den Einkünften aus der Landwirtschaft der einen oder anderen Nebenperson des Romans eine Sinekure ermöglicht wird. Vom mobilen Warenverkehr, für den Freytag sich seinen Sympathieträger mit dem schönen Namen Wohl-«Fahrt» ausgedacht hatte, erfährt man in Zolas Roman ebenfalls fast nichts. Bei ihm nimmt die Mobilität der Warenwelt nur in der Abstraktion der Börsenkurse am Auf und Ab des Wirtschaftslebens teil. Einzig die dritte Form des HABENS in Gestalt des frei beweglichen und strategisch jederzeit einsetzbaren Kapitals, bei Freytag eher als Störfaktor wahrgenommen, ist bei Zola ins Zentrum des Romans gerückt und kann bei ihm sogar zum Motor des ganzen Wirtschaftslebens werden. Denn das wirtschaftliche Handeln spielt sich für die Protagonisten des französischen Romans so gut wie ausschließlich an der Pariser Börse ab, als wenn diese Institution die französische Volkswirtschaft selber wäre oder sogar schon, wenigstens andeutungsweise, die Weltwirtschaft.

*

Im Mittelpunkt des Zola-Romans stehen zwei Antagonisten, die beide ihr Leben ganz nach den Spielregeln der Börse eingerichtet haben, jedoch nach Handlungsmustern, wie sie gegensätzlicher nicht sein könnten. Der eine von ihnen ist der jüdische Bankier Gundermann (beinahe: «guter Mann»), ein kühler Rechner und scharfsinniger Börsenstratege, in dessen Gestalt man den legendären Baron James de Rothschild (1792–1868) erkennen kann. Er wird von Zola mit ziemlich viel Wertschätzung beschrieben, denn er hat es zum Herrscher über die Pariser Börse gebracht. Es heißt von ihm, er habe an seinen bisherigen Börsengeschäften mindestens schon eine Milliarde verdient (*lui AVAIT dans ses caves un milliard*), jedoch nur mit dem Ziel, mit diesem Kapital an der Börse weiter gute Geschäfte zu machen. Doch für seine vielköpfige Familie lässt er es an keiner Sorge fehlen: ein Patriarch.

Sein Gegenspieler ist der temperamentvolle und leidenschaftliche Südfranzose Saccard (wörtlich: der «Einsacker»), der mehr noch von seinem Spieltrieb als von der Habgier zu seinen Börsengeschäften angestiftet wird. Mit seinen oft unbesonnenen Spekulationen hat er schon früher einmal (so beschrieben in einem anderen Roman von Zola) Schiffbruch erlitten. Nun sinnt er auf neue Abenteuer an der Börse. Und da er überdies ein eingefleischter Antisemit und Verächter der jüdischen »Rasse» ist (*race* steht im Text), hat er schon lange genug auf den ersehnten Zeitpunkt gewartet, um es mit dem Erzfeind Gundermann aufzunehmen.

Im weiteren Romangeschehen geht es für beide Romanpersonen um alles oder nichts. Wer dabei am Ende der Sieger und wer der Verlierer ist, das entscheidet sich erst durch das schwer vorhersehbare Auf und Ab der Börsenkurse, also durch Hausse oder Baisse. Ist das nun ein gutes Romanmotiv? Man kann vielleicht daran zweifeln. Es geht ja eigentlich nur um die Frage, in welchen Proportionen bei der Börse Gewinne und Verluste zwischen den Positionen SOLL und HABEN hin und her geschoben werden, das allerdings in dramatischen und bisweilen abenteuerlichen Bewegungen. Emile Zola hat es jedoch in seinem Roman geschickt verstanden, dem Machtkampf der beiden Kontrahenten eine stark verfremdete, nämlich militaristisch-napoleonische Färbung zu geben, so dass sich sein Roman in seinem ganzen Sprachduktus wie eine Kriegsberichterstattung liest.

Der Börsenkrieg kann also beginnen. Saccard ist der Draufgänger und Angreifer, Gundermann der vorsichtig taktierende Verteidiger. Und Saccard HAT in seiner Strategie die passende Eingebung GEHABT (*il* EUT *l'inspiration*), für seinen Börsengang eine eigene Bank zu gründen. Er spekuliert auf Hausse. Zufällig entwickelt sich nun die politische und wirtschaftliche Lage Europas so, dass die Kurse der neuen Bank gleich nach ihrer Gründung steil in die Höhe gehen. Saccard kann Gewinne in Millionenhöhe verbuchen.

Ein Menetekel besonderer Art hätte ihn jedoch in dieser Situation auf die Grenzen des HABENS aufmerksam machen können. Dieses Warnzeichen geht von einer kleinen, hübschen Frau aus, Madame Conin, die in den Börsenkreisen dafür bekannt ist, dass sie es mit der Tugend nicht so genau nimmt. Da sollte es doch für einen Mann wie Saccard kein Problem sein, bei ihr sein privates Quantum Glück zu finden. Doch diese junge Frau hat ihren eigenen Kopf und lässt sich von Saccard nicht «HABEN», so sehr der reiche Mann auch mit seinem

Geld auftrumpft. Saccard versteht die Welt nicht mehr: «Wieso das! Mit Geld war also nicht alles zu erreichen? Da war nun eine Frau, die andere für umsonst HATTEN [*que d'autres AVAIENT pour rien*] und die ein Mann wie er nicht HABEN konnte [*qu'il ne pouvait AVOIR, lui*], auch wenn er ihr einen Preis in schwindelnder Höhe bot!» Sie blieb bei ihrem Nein, «und das war's dann».

Die misslungene Affäre Conin soll nicht Saccards einzige Niederlage bleiben. Denn nun will er für seinen entscheidenden «Coup» gegen Gundermann alles auf eine Karte setzen und damit den endgültigen Triumph über den Widersacher erzielen. Unbeirrbar setzt er weiterhin auf Hausse, um endlich den verwegen anvisierten Kurs von dreitausend pro Aktie zu erzielen. «Den Kurs muss ich und werde ich HABEN!» (*il me le faut, je l'AURAI*). Inzwischen hat aber auch Gundermann «seine Truppen in Stellung gebracht» und spekuliert seinerseits gegen Saccard auf Baisse. Der für einen bestimmten Börsentag kühl kalkulierte Krach stellt sich ein. Der Kurs für die Aktien der Saccard-Bank sinkt ins Bodenlose, und ihre Aktien werden zu Schleuderpreisen angeboten. Saccard, der von seinem Feldherrnhügel aus, an den Pfeiler der Börse gelehnt, die Schlacht noch zu seinen Gunsten zu lenken versucht hat, muss sich geschlagen geben. Nicht nur er, sondern auch alle, die ihm vertrauten, haben ihre gesamte, auf die Karte Saccard gesetzte HABE verloren.

Noch in der Untersuchungshaft, wo gegen ihn mit dem Verdacht des Börsenbetrugs ermittelt wird, phantasiert der Häftling Saccard im Feldherrenstil: «Wenn Napoleon am Tag von Waterloo noch hunderttausend Mann als Kanonenfutter GEHABT HÄTTE!» [*Si Napoléon AVAIT EU cent mille hommes encore à faire tuer!*]. Oder noch deutlicher: «Wenn ich Gundermann niedergerungen HÄTTE, dann HÄTTE ich jetzt Paris zu meinen Füßen! [*j'AURAIS Paris à mes pieds*].

Und wie wird das Urteil des Gerichts lauten, wie hoch fällt die Strafe aus? Es kommt zu keinem Prozess. Saccard kann unbehelligt in einem Nachtzug Frankreich verlassen und darf sich nach Belgien ins Exil begeben. Bestraft sind nur die vielen Kleinaktionäre, die ihr ganzes Vertrauen in die von Saccard verspielten Wertpapiere gesetzt und durch deren Debakel ihre ganze HABE eingebüßt haben.

SIND DICHTER UND DENKER DIE BESSEREN HABENDEN? – EIN DOKUMENTARISCHES KAPITEL

WALTHER VON DER VOGELWEIDE (ca. 1170–ca. 1230) jubiliert in seinen mittelhochdeutschen Versen, dass er nun von der Gnade des Königs ein Lehen HAT, wo er sich, ohne weiterhin reiche Geizhälse anbetteln zu müssen, eines bescheidenen Glücks erfreuen kann.[1] Auch wir wollen den Dichter beglückwünschen, dass er nun nicht mehr den winterlichen Februar (hornunc) zu fürchten braucht, von dessen Frost ihm so oft die Zehen erfroren sind:

Ich HÂN mîn lêhen, al die werlt, ich HÂN mîn lêhen,
nû enfürhte ich niht den hornunc an die zêhen,
und wil alle boese hêrren dester minre vlêhen.
Der edel künec, der milte künec HÂT mich berâten,
daz ich den sumer luft und in dem winter hitze HÂN.
Mînen nâhgebûren dunke ich verre baz getân:
sie sehent mich niht mêr an in butzen wîs als sî wîlent tâten.
Ich BIN ze lange arm gewesen ân mînen danc,
ich was sô voller scheltens daz mîn âten stanc:
daz HÂT der künec gemachet reine, und dar zuo mînen sanc.

[Ich HAB mein Lehen, in alle Welt ruf ich's hinein: ich HAB mein Lehen! / Nun fürchte ich nicht mehr den Februarfrost an den Füßen / und werde künftig die geizigen Herren nicht mehr anflehen. Der edelmütige König, der großmütige König HAT mich versorgt, / so dass ich im Sommer kühlende Luft und im Winter Wärme HABE. / Meiner Umwelt komme ich jetzt viel feiner vor: / sie sehen mich nicht mehr an als ein Hausgespenst, wie sie bisher taten. / Ich bin zu lange arm gewesen, ohne dafür zu können. / Ich war so voller Scheltworte, dass mein Atem stank. / All dies HAT der König rein gemacht und mein Singen dazu.]

*

HEINRICH HEINE (1797–1856), der fast die Hälfte seines Lebens als Emigrant in Paris von kargen Honoraren und ein paar Subsidien gelebt hat, weiß wohl, wovon er in diesem Gedicht unter dem Titel «Weltlauf» redet.[2] Es sind die verflixten Quantitäten des HABENS, aufwärts im Glück von «viel» zu «viel mehr», abwärts im Unglück von «wenig» über «etwas» zur Nullstufe «nichts mehr»:

HAT man viel, so wird man bald
Noch viel mehr dazu bekommen,
Wer nur wenig HAT, dem wird
Auch das Wenige genommen.
Wenn du aber GAR NICHTS HAST,
Ach, so lasse dich begraben –
Denn ein Recht zum Leben, Lump,
HABEN nur die etwas HABEN.

*

Mit dem Emigranten Heinrich Heine war in seiner Pariser Zeit der Emigrationsgefährte KARL MARX (1818–1882) in enger Freundschaft verbunden. Auch in ihren gesellschaftspolitischen Ansichten und Absichten standen sie sich nahe. Von der Freundschaft mit dem Hegel-Schüler Heine oftmals inspiriert, erarbeitete sich Karl Marx in dieser fruchtbaren Zeit seine Grundüberzeugungen von der historischen Rolle des Proletariats im bevorstehenden Klassenkampf gegen die Macht der Besitzenden.[3] Gerade vom NICHT-HABEN der Proletarier erwartet er das revolutionäre Potential, das der kommunistischen Bewegung die nötige Triebkraft für den Kampf gegen die kapitalistische Gesellschaft liefern soll. So lesen es seine Parteigänger an vier zentralen Stellen des «Manifests der kommunistischen Partei» von 1848:

> Die Bourgeoisie HAT nicht nur die Waffen geschmiedet, die ihr den Tod bringen; sie HAT auch die Männer gezeugt, die diese Waffen führen werden – die modernen Arbeiter, die Proletarier.

> Die Kommunisten SIND KEINE besondere Partei gegenüber den anderen Arbeiterparteien. Sie HABEN KEINE von den Interessen des ganzen Proletariats getrennte Interessen.

Die Arbeiter HABEN KEIN Vaterland. Man kann ihnen nicht nehmen, was sie NICHT HABEN.

Mögen die herrschenden Klassen vor einer kommunistischen Revolution zittern. Die Proletarier HABEN NICHTS in ihr zu verlieren als ihre Ketten. Sie HABEN eine Welt zu gewinnen.

*

GEORG BÜCHNER (1813–1837) hat in seinem kurzen Leben das Drama «Woyzeck» nicht vollenden können, und dennoch haben die fragmentarischen Szenen von der tragischen Liebe des Soldaten Woyzeck zu der treulosen Geliebten Marie dem Autor den Weg in die klassische Dramenliteratur gebahnt.[4] Der ausgewählte Abschnitt aus der fünften Szene ist ein Dialog zwischen dem gelernten Barbier Woyzeck und seinem leutselig sich gebenden Hauptmann, den er als Bursche rasieren muss. Es ist ein beklemmender Dialog auf Messers Schneide zwischen HABEN und NICHT-HABEN:

Woyzeck.
Wir arme Leut. Sehn sie, Herr Hauptmann, Geld, Geld.
Wer kein Geld HAT. Da setz einmal einer sein'sgleichen auf die Moral in die Welt. Man HAT auch sein Fleisch und Blut. Unsereins IST doch einmal unselig in der und der andern Welt, ich glaub' wenn wir in Himmel kämen, so müssten wir donnern helfen.

Hauptmann.
Woyzeck, er HAT keine Tugend, er IST kein tugendhafter Mensch. Fleisch und Blut? Wenn ich am Fenster lieg, wenn es geregnet hat und den weißen Strümpfen so nachsehe, wie sie über die Gassen springen, – verdammt Woyzeck, – da kommt mir die Liebe. Ich HAB auch Fleisch und Blut. Aber Woyzeck, die Tugend, die Tugend! Wie sollte ich dann die Zeit herumbringen? Ich sag' mir immer du BIST ein tugendhafter Mensch, (gerührt) ein guter Mensch, ein guter Mensch.

Woyzeck.
Ja, Herr Hauptmann, die Tugend! Ich HAB's noch nicht so aus. Sehn Sie wir gemeinen Leut, das HAT keine Tugend, es kommt einem nur so die Natur, aber wenn ich ein Herr WÄR und HÄTT ein Hut und eine Uhr und en Anglaise und könnt vornehm reden, ich wollt schon tugendhaft SEIN. Es muss was Schöns SEIN um die Tugend, Herr Hauptmann. Aber ich BIN ein armer Kerl.

Hauptmann.
Gut Woyzeck. Du BIST ein guter Mensch, ein guter Mensch. Aber du denkst zu viel, das zehrt, du siehst immer so verhetzt aus. Der Diskurs HAT mich ganz angegriffen. Geh' jetzt und renn nicht so; langsam hübsch langsam die Straße hinunter.

*

KATHARINA HACKER (geb. 1967) wurde im Jahre 2006 für den Roman «Die Habenichtse» mit dem Deutschen Buchpreis ausgezeichnet.[5] Die zahlreichen Personen, die in diesem Roman den Ton angeben, gehören vorwiegend der oberen Mittelschicht an und leiden keine Not. Wieso sollen sie HABENICHTSE sein? Das wird erst dadurch klar, dass einige von ihnen über das Sterben nachdenken als die letztgültige Grenze zwischen HABEN und NICHT-HABEN:

> BESITZ, hatte Bentham gesagt, ist ein Modus des Verlustes, wir tun nur so, als verliehe er uns Stabilität und Dauer. Eigentlich ist es ein Spiegel der Vergänglichkeit. (...)
>
> In gewisser Weise, hatte er Hans gesagt, als sie, ein einziges Mal, über den Tod seiner Mutter gesprochen hatten, ist der Tod ein Wechsel der BESITZVERHÄLTNISSE. Was dem Toten GEHÖRT HAT, geht in den Besitz anderer über, sein HAB UND GUT ist bloß der kleinste Teil. Das nächste ist der Körper, er GEHÖRT denjenigen, die ihn schminken lassen oder nicht, aufbahren oder nicht, beerdigen oder verbrennen. Und dann nehmen sie in Besitz, was der Tote gedacht und gehofft und erlebt HAT, selbst seine Erinnerung GEHÖRT bald den Angehörigen, im Namen ihrer Liebe, im Namen ihrer Erinnerung. Mir wäre es am liebsten, dass die Leute mich vergessen, wenn ich tot bin.

FÜNFTER ABSCHNITT

Streit haben, Krieg haben, Hoffnung haben

EIN SÄNGERKRIEG UM DEN RHEIN – UND WAS HAT DER RHEIN DAVON?

Es war im Jahre 1840, dass ein bis dahin wenig bekannter Bonner Liedermacher, Nikolaus (Niklas) Becker, den Einfall hatte, das rheinische Liedgut um ein Exemplar besonderer Art zu bereichern. Er verfasste für den Rheinstrom ein Schutz- und Trutzlied, das mit den wehrhaften Versen begann: «Sie sollen ihn NICHT HABEN, den freien deutschen Rhein».[1]

Sie, das sind hier, ohne dass man sie mit ihrem Namen zu nennen braucht, die Franzosen, von denen der Liedermacher befürchtet, dass sie ihre Besitzergreifung von Straßburg (1681) auf andere Rheinlande ausweiten wollen. Ich zitiere hier vier von insgesamt sieben Strophen:

1. Sie sollen ihn NICHT HABEN,
den freien deutschen Rhein,
ob sie wie gier'ge Raben
sich heiser danach schrein.

3. Sie sollen ihn NICHT HABEN,
den freien deutschen Rhein,
so lang sich Herzen laben
an seinem Feuerwein.

5. Sie sollen ihn NICHT HABEN,
den freien deutschen Rhein,
so lang dort kühne Knaben
um schlanke Dirnen frein.

6. Sie sollen ihn NICHT HABEN,
den freien deutschen Rhein,
bis seine Flut begraben
des letzten Manns Gebein.

Mit diesen holprigen Versen also, in einer Regionalzeitung zuerst publiziert, scheint Nikolaus Becker gleichwohl manches rheinische Herz angerührt zu haben, da sogar kein geringerer als Robert Schumann neben vielen anderen Komponisten das Lied vertont hat. Auch in französischen Gazetten findet das Lied Beachtung, da es ausgerechnet dem bekannten französischen Dichter Alphonse de Lamartine zugeeignet ist. Der lässt sich tatsächlich durch das Gedicht herausfordern, eine Erwiderung zu verfassen, ebenfalls in Versform. Das ist seine «Friedens-Marseillaise» (*Marseillaise de la Paix*, 1840/41).[2]

Warum Marseillaise? Das hat seinen Grund darin, dass Lamartine aus den Versen des Beckerschen Rheinliedes unausgesprochen einen kritischen Bezug auf die französische Nationalhymne heraushörte, die 1792 von Claude Joseph Rouget de Lisle als «Kriegslied der Rhein-Armee» in Straßburg verfasst worden war. In deutlichem Kontrast zu dieser martialischen Marseillaise, aber auch mit ihrem diskreten Tadel der von Becker gewählten Tonlage, ist Lamartines Friedens-Marseillaise eine noble Hymne auf den «frei strömenden» Rhein, an dessen beiden Ufern nur die Brüderlichkeit, nicht der Hass besungen werden soll.

Die leise Antwort auf Beckers lautstarke Verse wurde von manchen Franzosen als zu milde empfunden. So dachte auch der gleichfalls sehr bekannte Dichter Alfred de Musset, der noch im gleichen Jahr, nun aber mit Hohn und Häme, ein Antwortgedicht an Nikolaus Becker verfasste.[3] Es beginnt mit dem Spottvers: «Wir HABEN ihn GEHABT, euren deutschen Rhein» [*Nous l'AVONS EU, votre Rhin allemand.*] Wie und wo GEHABT? In den Pokalen, aus denen die Franzosen damals, zur Zeit des Sonnenkönigs und später auch noch in der napoleonischen Zeit, auf ihre Siege den Rheinwein getrunken haben.

An dieser Stelle seines Spottgedichts muss der Autor zu seinem Leidwesen, wie aus seinen Versen deutlich herauszuhören ist, auf eine Pointe verzichten, die ihm mit der wiederholten Triumphformel «*nous l'avons* ....» gewissermaßen auf der Zunge gelegen hat. Der Rhein (*le Rhin*) ist nämlich leider, anders als etwa die Seine (*la Seine*), maskulinen Geschlechts. Trotzdem kann Musset es sich nicht verkneifen, die sexistische Redensart zu zitieren: «*Où le père a passé, passera bien l'enfant*». Aber die gemeinte Anwendung auf die Rheinlande – wo die

Eroberer Straßburgs «durchgekommen» sind, da passen auch noch spätere französische Eroberer durch – verklemmt sich an der Maskulinität des Rheins.

Doch eine andere Pointe mit gleicher Säure gelingt dem Franzosen schärfer. Der «Feuerwein» aus rheinischen Reben nämlich, den Becker in seinem Kampflied so laut gepriesen hatte, ist für französische Weinkenner wie Musset nur ein «kleiner Weißwein» [*«votre petit vin blanc»*]. Man hat ihn schnell wieder vergessen. Aber die rheinischen Mädchen, die den Franzosen diesen Wein kredenzt haben, sie werden sich wohl dauerhafter an die Manneskraft der Sieger erinnern: *«Vos jeunes filles, sûrement / ONT mieux* gardé *notre mémoire»*.

Dem Dichter Lamartine haben diese Pointen nicht gefallen.

*

Heinrich Heine jedoch, der sich schon 1823 mit seinem Lied von der Loreley einen unvergesslichen Namen als Dichter der Rheinlande erworben hatte und seit 1831 als Emigrant in Paris lebte, hat es sich seinerseits nicht entgehen lassen, den Sängerkrieg um den Rhein mit dieser drastischen Pointe zu bereichern.[4] So kommt er im Caput V seines «Wintermärchens» (1845) noch einmal auf «das dumme Lied und den dummen Kerl» Nikolaus Becker zu sprechen, der ihn als Rheinländer im Pariser Exil so «schmählich blamiert» und «politisch kompromittiert» hat. Doch auch ihn reizt dabei, zusammen mit den «schlechten Witzen» des «Gassenbubs» Alfred de Musset, die Tücke des maskulinen Rheins, dem er daher in seinen Versen zu Nikolaus Becker selber das Wort gibt:

Er HAT mich BESUNGEN, als ob ich noch
Die reinste Jungfrau wäre,
Die sich von niemand rauben lässt
Das Kränzlein ihrer Ehre.

Das allerletzte Wort in der hier zu referierenden Affäre des deutsch-französischen Sängerkriegs um den Rhein soll jedoch nicht dem Düsseldorfer Rheinländer Harry Heine, sondern dem Kölner Karnevalisten Kurt Adolf Thelen vorbehalten bleiben, der als gefeierter Sänger des Rheinlandes um die Mitte des 20. Jahrhunderts den Rhein und den Streit um den Rhein in einen ebenso friedlichen wie gemütlichen Schlaf gesungen hat:[5]

> Ich HAB den Vater Rhein
> in seinem Bett gesehn.
> HAT der's nicht wunderschön,
> braucht niemals aufzustehn?

GEHAB dich wohl, Vater Rhein, in deinem europäischen Bett!

- 30 -

DER GROSSE MAHLKE HAT ES AM HALS – MIT GÜNTER GRASS

Zwei Jahre nach dem Romanerfolg der «Blechtrommel» hat Günter Grass (geb. 1927) seine Novelle «Katz und Maus» geschrieben, die in ihrer Thematik dem großen Roman nahe steht (1961)[1]. Sie spielt wie dieser in Danzig. Held der Geschichte – im Doppelsinn des Wortes – ist der Gymnasiast Joachim Mahlke, «der Große Mahlke», wie er nach seinen ersten Jugendstreichen von seinen Freunden genannt wird. Erzähler ist sein Schulfreund Pilenz, der in seinem Bericht ständig zwischen der Ich-Form, der Du-Form und der Er-Form wechselt. Zeit der Handlung ist der Zweite Weltkrieg.

Die Novelle ist meisterlich geschrieben und bleibt an erzählerischer Kraft nicht hinter der «Blechtrommel» zurück. Am Anfang der Novelle steht die «Maus». Das ist bei dem Protagonisten eine kleine körperliche Absonderlichkeit: ein am Hals hervortretender und beim Schlucken «springender» Adamsapfel, der ziemlich auffällig ist. «Was HAT er nur? – Der HAT nen Tick!» Um den Hänseleien seiner Mitschüler zu entgehen, denkt Mahlke sich allerhand Anziehsachen (Mantelkragen, Schal) oder Zierrat (Bommeln oder «Puscheln») aus, um die lästige Maus zu verdecken. Noch lange danach erinnern sich seine Schulkameraden: «Mensch, HATTE der nicht irgendwas am Hals. Und HABEN wir ihm nicht mal eine Katze.» Eine Zeitlang helfen die bunten Bommeln, die am Hals zu tragen sind und bei den Schülern bald Mode werden. «Immer wieder HATTE er seinen Spaß an den bunten Dingern.» Wir wollen uns an dieser Stelle das Wort «Ding» mit seinem umgangssprachlichen Plural «Dinger» merken. Es wird in der Novelle ein Deckwort für das Leitthema werden.

Durch solche und andere Auffälligkeiten wird Mahlke bald der Anführer einer kleinen Jugendbande, die ihre freien Nachmittage mit Tauchübungen an einem halb versunkenen polnischen Handelsschiff verbringt. Dabei trägt Mahlke zur Badehose immer einen Schraubenzieher am Band um den Hals, mit dem er irgendeinen Gegenstand vom Wrack abschrauben und als Trophäe an seine Freunde weitergeben kann.

Es ist Kriegszeit, und die deutsche Wehrmacht stürmt noch von Sieg zu Sieg. Mitten aus dem Unterricht wird die gesamte Schülerschaft in die Aula gerufen. Ein früherer Schüler und Abiturient des Gymnasiums ist als Jagdflieger-Leutnant mit dem Ritterkreuz ausgezeichnet worden, dem hohen Tapferkeitsorden, der als Halsorden getragen wird. Der hochdekorierte Offizier, «der den begehrten Bonbon am Hals HATTE», hält vor den versammelten Schülern seine Heldenrede und malt anschaulich aus, wie er seine Gegner abschießt: «stoße steil von oben, HAB ihn drinnen», nämlich in der Feuergarbe, und schon ist einer von den minimal zwanzig Abschüssen geschafft, die für das Ritterkreuz verlangt werden. Im weiteren Verlauf des Krieges wird die verlangte Leistung noch erhöht, und Mahlke macht sich Sorgen: «Jetzt müssen sie schon vierzig [scil. feindliche Flieger] runterholen, wenn sie das Ding HABEN wollen.»

Hier sieht man schon den Geschichtenerzähler Grass mit einem geschickten Kunstgriff am Werk. Das offizielle Kennwort des Tapferkeitsordens, nämlich «Ritterkreuz (zum Eisernen Kreuz)» wird im gesamten Novellentext vermieden und für eine Art Epilog bis zur letzten Textseite aufgespart. Auf allen vorhergehenden Seiten des Textes und für alle an der Handlung Beteiligten heißt der Orden immer «das Ding», «der Bonbon» oder «der Artikel». Durch diese stereotype Vermeidung und Umschreibung der Sache wird dem begehrten Halsorden eine quasi magische Bedeutung zuteil, immer jedoch schon in ahnungsvoller Verbindung mit dem Großen Mahlke: «Du warst unser Thema. Wir wetteten: Was wird er jetzt machen? Wetten wir, der HAT schon wieder Halsschmerzen!»

Schon bald bietet sich im Danziger Gymnasium die Gelegenheit zu einer neuen Heldenrede. Der zweite Ritterkreuzträger der Schule ist ein U-Boot-Kommandant «mit steifem Ding am Hals». Nicht übersehbar ist an dieser Stelle bereits eine sexuelle Konnotation, die diesem «steifen» Eisenstück eigen ist. Die zweite Heldenrede hat jedoch ein unerwartetes Nachspiel. Der Ritterkreuzträger zeigt den Schülern seine Turnkünste. Beim Umkleiden in der Turnhalle legt er die feine Uniform ab, auch «das Ding». Hinterher ist es weg. Große Aufregung bei Lehrern und Schülern: «Werwardas?» Auffällig ist für seine Freunde, dass Mahlke von nun an ganz gegen seine Gewohnheit eine Krawatte trägt. Und Freund Pilenz wird heimlich Zeuge, wie der nackte Mahlke sich vor dem Spiegel «den Bonbon» am Band um den Hals legt. «Aha, du HAST den Artikel!» Es folgt die nächste Stufe der Besitzergreifung. Der Freund berichtet von Mahlke: «Nun ließ er den großen Metallbonbon vor seinen Klöten und dem Schwanz baumeln». Dazu der Dialogabschnitt:

– Na Pilenz! Ganz schöner Apparat, was?
– Doll, lass mal anfassen.
– Ehrlich verdient – oder?
– HAB ich mir gleich gedacht, dass du das Ding gedreht HAST.»

Auf die Dauer kann der Diebstahl nicht verborgen bleiben, und der Missetäter Mahlke «fliegt» vom Gymnasium. Nur an der «Horst-Wessel-Oberschule», die mit ihrem Nazi-Namen in Danzig wenig angesehen ist, kann er noch das Abitur machen.

Zeitsprung in der Novelle. Der große Mahlke wächst heran und wird militärdienstpflichtig. Aber schon vorher überrascht er seinen Freund, den Erzähler: «HAB mich übrigens freiwillig gemeldet.» Mahlke geht zu den Panzern, wird Richtschütze. An dieser Stelle ist anzumerken, dass der Katholik Mahlke als Soldat an der Front einen privaten Marienkult entwickelt hat, der weit über das kirchlich genehme Maß hinausgeht. «Natürlich HATTEN wir auch Verluste. Aber die Jungfrau wird mich auch weiterhin beschützen». Er hält sich für unverwundbar, wird ein Draufgänger und Held. So kann es kaum ausbleiben, dass er schon als Unteroffizier für so und so viele Panzerabschüsse mit dem heiß begehrten «Bonbon» dekoriert wird. Das steht natürlich auch in der Zeitung: «Ein Sohn unserer Stadt HAT in pausenlosem Einsatz, zuerst als einfacher Richtschütze, dann als Panzerkommandant und so weiter und so weiter.»

Nun kommt, so dürfen die Leser der Novelle wohl erwarten, die dritte Heldenrede auf das Programm, mit dem Großen Mahlke als Redner. Aber wo genau soll er reden? Mahlke ist nur an seinem alten Gymnasium als Ort der Feier interessiert. Und so macht der Ritterkreuzträger Mahlke anlässlich eines Urlaubs auch dort Besuch, dekoriert natürlich: «Er HATTE den besonderen Artikel am Hals, das Dingslamdei, den Magneten, (…) den Bonbon, Apparat, das Ding Ding Ding, das Ichsprechesnichtaus.» Es zeigt sich aber, dass bei seinem alten Traditions-Gymnasium (mit den Spitzbogenfenstern in der Aula) die Magie nicht wirkt. Mahlke ist und bleibt von dieser Schule relegiert. Bei der anderen Schule, der mit dem Nazi-Namen, da dürfte er seine schon wortwörtlich ausgearbeitete Rede wohl halten, aber das will er nicht. Die Rede wird nicht gehalten.

Nun geht die Novelle unaufhaltsam ihrem Ende entgegen, dem mutmaßlichen Tod des tragischen Helden: «Wie lange HAST du eigentlich noch Urlaub? – Mein Zug fuhr vor viereinhalb Stunden.» Anders ausgedrückt: Mahlke ist desertiert, muss sich verstecken. «Ich will nicht mehr. Vielleicht HAB ich auch Angst.» Und schließlich (mit Hilfsverb und Ellipse des Partizips): «… HAT man davon. HÄTT mir einer vorher sagen. Wegen son Quatsch. Dabei HÄTTE ich wirklich nen guten Vortrag.»

Vom Ende des Großen Mahlke weiß der Erzähler nur zu berichten, dass der Freund irgendwie verschollen ist, mutmaßlich bei einem letzten Tauchmanöver zu dem polnischen Wrack. Das Ritterkreuz muss er wohl bei sich in der Hosentasche HABEN.

HITLER ALS HABENICHTS, HITLER AM ENDE

Am 10. Dezember 1940, auf dem Höhepunkt seiner Kriegserfolge, hielt Adolf Hitler vor Rüstungsarbeitern der Borsig-Werke in Berlin eine Rede, die in ihrem Stil etwas von seinen sonstigen Reden abwich.[1] Vor diesen Arbeitern bemühte sich der Führer des Großdeutschen Reiches, als einer von ihnen zu erscheinen («Ich BIN aus euch hervorgegangen»). Und zugleich gab er sich als fürsorglicher Lehrer, der seinen unmündigen Schülern geduldig auseinandersetzt, wie die Welt doch so ungerecht aufgeteilt ist. Nach seinem Verstand gibt es einerseits die besitzenden Völker, namentlich England, Amerika und Frankreich, die den weitaus größten Teil der Erdoberfläche an sich gerafft haben. Ihnen stehen auf der anderen Seite die spät erwachten Völker gegenüber, «die bei dieser Weltverteilung zu kurz gekommen sind», namentlich Deutschland und Italien, diese beiden ihren Fähigkeiten nach «so starken Völker». Nun aber soll dieser Zustand ein Ende haben. Dafür bürgen mit ihren Waffen die deutschen Soldaten im Felde und mit ihrer harten Arbeit die Borsig'schen Rüstungsarbeiter.

Eben für diesen ungerechten Weltzustand und den seit einem Jahr bestehenden Kriegszustand haben nun amerikanische Kommentatoren – so setzt Hitler seinen Zuhörern belehrend auseinander – «einen wunderbaren Ausdruck gefunden», und zwar wie folgt (Originalton Hitler):

> Es gibt zwei Sorten von Völkern, nämlich Besitzende und Habenichtse. Wir, wir Engländer, wir sind die Besitzenden, wir HABEN nun einmal 40 Millionen Quadratkilometer. Und wir Amerikaner sind auch die Besitzenden, und wir Franzosen sind desgleichen die Besitzenden, [und die anderen Völker], das sind eben die HABENICHTSE. Wer nichts HAT, der bekommt auch nichts, der soll bei dem bleiben, was er NICHT HAT. Und wer HAT, der HAT und gibt nie etwas davon ab.

Es ist hier deutlich herauszuhören, wie der Redner seine Sätze und Redensarten der von ihm unterstellten Fassungskraft der Arbeiter anpasst. Und genau von gleich zu gleich mit diesen Zuhörern will er auch seine eigene Person sehen, denn er fährt fort:

> Nun bin ich Zeit meines Lebens der Vertreter der HABENICHTSE gewesen. Zu Hause war ich der Vertreter der HABENICHTSE. Ich habe für sie gekämpft, für die breite Masse meines Volkes. Ich stamme aus ihr, ich rechne mich nur zu ihr. Für sie bin ich eingetreten, und ich trete der Welt gegenüber wieder auf als der Vertreter der HABENICHTSE, als der trete ich auf.

An dieser Rede ist ein historisches Detail richtig. Hitler hatte sich tatsächlich schon in vielen früheren Reden seit der «Kampfzeit» und dann in den Jahren der Aufrüstung 1933 – 1939 als HABENICHTS dargestellt – so penetrant, dass es im Jahre 1934 sogar seinem bis dahin treu ergebenen Parteigänger Röhm zu viel wurde. Der forderte öffentlich, die braunen HABENICHTSE sollten endlich aufhören, ihre Minderwertigkeitskomplexe zur Schau zu stellen. Diese kleine Respektlosigkeit und einige andere mehr sind ihm schlecht bekommen. Noch im gleichen Jahr wurde er in der nach ihm benannten «Röhm-Krise» (aber das war keine Krise, das war ein Massaker) auf Hitlers Befehl ermordet.

Hitler blieb an der Macht und konnte in seiner Reichstagsrede vom 30. Januar 1937 wiederum seine Erkenntnisse von einer «geistlosen Aufteilung der Welt in Besitzende und HABENICHTSE» ausbreiten. Alle diese Reden und die mit ihnen einher gehenden Verstöße gegen die Menschenrechte wurden in der Welt aufmerksam (wenn auch nicht aufmerksam genug) beobachtet und kommentiert. Und so kamen sie auch dem mit Hitler zeitgleich (seit 1933) regierenden US-Präsidenten F. D. Roosevelt zu Ohren. In einer seiner Reden wurden sie, mit gebührender Ironie, zitiert und wanderten dann 1940 als Zitat eines (damals noch neutralen) «amerikanischen Beobachters» wieder nach Deutschland zurück. Aus dieser Sicht müssen sie den inzwischen zum Führer des Großdeutschen Reiches arrivierten HABENICHTS Hitler sehr erbost haben, da sie bei Roosevelt mit einer Warnung vor den gefährlichen Überkompensationen eines Zukurzgekommenen einher gingen. Selbst in der hier schon erwähnten Rede vor den Berliner Rüstungsarbeitern ist Hitler auf diesen Schimpf eingegangen: «So ein

Wahnsinniger, der sagt, ich HÄTTE ein Minderwertigkeitsgefühl dem Engländer gegenüber! Die sind wohl verrückt! Ich HABE niemals ein Minderwertigkeitsgefühl GEHABT.»

Auch in den beiden nachfolgenden Kriegsjahren 1941 und 1942 hielt Hitler noch seine Brandreden, nun vorwiegend mit militärischen Themen. Doch selbst in ihnen fand er Platz für seine Rolle als Sprecher und Vorkämpfer der HABENICHTSE in der Welt. So zum Beispiel in seiner «Rede vor dem Großdeutschen Reichstag» vom 11. Dezember 1941, als der deutsche Einfall in die Sowjet-Union durch den strengen Winter und den zähen Widerstand der Verteidiger vor Moskau zum Stillstand gekommen war. Auch waren die Vereinigten Staaten inzwischen in den Krieg gegen Nazi-Deutschland eingetreten. Da kommt Hitler gerade im hochpathetischen Schlussteil seiner Rede auf das – jetzt nur noch dem amerikanischen Präsidenten als Person zugeschriebene – Bild von den zwei Sorten Völker zurück, etwas kleinlauter nun schon, wenn auch immer noch großtönend:

> Der amerikanische Präsident und seine plutokratische Clique haben uns die Völker der HABENICHTSE getauft. Das ist richtig! Die HABENICHTSE aber wollen leben, und sie werden auf alle Fälle erreichen, dass das Wenige, das sie zum Leben besitzen, ihnen nicht auch noch von den Besitzenden geraubt wird.

So klein hier inzwischen die HABENICHTSE durch die ersten schweren Rückschläge des Kriegsverlaufs geworden sind, so rafft sich ihr oberster Vertreter in den letzten Sätzen seiner Rede doch noch zu seiner alten Groß-Rhetorik auf, wenngleich mit einem Schuss falscher Demut vor der «Vorsehung»:

> Der Herr der Welten HAT so Großes in den letzten Jahren an uns getan, dass wir in Dankbarkeit uns vor einer Vorsehung verneigen, die uns gestattet hat, Angehörige eines so großen Volkes SEIN zu dürfen.

Und so, mit diesen Worten, soll es auch stehen im «unvergänglichen Buch der deutschen Geschichte». Doch einstweilen geht der Krieg weiter, und die Nachrichten werden immer schlechter für die HABEN-Bilanz des Führers und Obersten BEFEHLSHABERS der Wehrmacht. Immerhin redet er noch in den gleichen Tönen am 30. Januar 1942, am Jahrestag seiner «Machtübernahme». In dieser Rede heißt es:

> Und nun ist endlich auch der dritte Staat zu uns gestoßen, zu dem ich auch immer gute Beziehungen wollte seit vielen Jahren. Sie kennen das alle aus «Mein Kampf»: Japan! Und damit sind nun die drei großen HABENICHTSE vereint, und wir wollen nun sehen, wer in diesem Kampf die Stärkeren sind: diejenigen, die nichts zu verlieren, aber alles zu gewinnen HABEN, oder diejenigen, die alles zu verlieren und nichts zu gewinnen HABEN. [...] Wir werden nun sehen, wem die Vorsehung in diesem Kampf den Siegerpreis gibt! Demjenigen, der ALLES HAT und der dem anderen, der fast NICHTS HAT, noch das Letzte wegnehmen will, oder demjenigen, der das verteidigt, was er als sein Letztes SEIN EIGEN nennt.

Es möge mir gestattet sein, diesen Bericht über Ereignisse, die zu unserer aller Beschämung nun «unvergänglich» im Buch der deutschen Geschichte stehen, mit einer persönlichen Erinnerung abzuschließen. Ich musste im März 1945, bevor ich noch für ein paar Tage zum Militär eingezogen wurde, in ein Lager des Reicharbeitsdienstes einrücken. Es gab damals fast nur noch Arbeit zum Räumen der Trümmer, unterbrochen jedoch von regelmäßigen «weltanschaulichen Schulungen». Dort mussten wir Arbeitsmänner – daran erinnere ich mich bis heute – die in zehn Punkten mit Kreide an eine Wandtafel geschriebenen unwiderlegbaren Gründe auswendig lernen, warum wir Deutschen aus dem Krieg als Sieger hervorgehen würden. Der abschließende Punkt 10 lautete: «Wir werden die Sieger SEIN, weil wir den Führer HABEN».

GÜNTER EICHS LETZTE HABSELIGKEITEN

Im Jahre 1950 erging der Preis der Gruppe 47 an Günter Eich (1907 bis 1972), mit besonderer Zustimmung zu seinem Gedicht «Inventur».[1] Dieses war noch im Gründungsjahr 1947 von Hans Werner Richter in einer Anthologie von Gedichten deutscher Kriegsgefangener zum erstenmal veröffentlicht worden. Es gehört heute, zusammen mit Wolfgang Borcherts Heimkehrerdrama «Draußen vor der Tür» (1946/47) und Paul Celans «Todesfuge» (1947) zu den Gründungsdokumenten der Nachkriegsliteratur.

Entstanden ist das Gedicht im Frühjahr 1945 in einem jener amerikanischen Kriegsgefangenenlager, die in der letzten Phase des Zweiten Weltkriegs und kurz danach unter freiem Himmel errichtet wurden. Man muss sich also den Menschen, der in diesen Versen die Ich-Rolle innehat, als einen zerlumpten Kriegsgefangenen vorstellen, der den Schrecken des Krieges mit knapper Not entkommen ist. Er befindet sich am Nullpunkt seiner Existenz. Das ist für ihn der Moment, Inventur zu machen. Die sieben Strophen dieses Gedichts sind das Ergebnis dieser Inventur in Form eines Katalogs aller möglichen Gegenstände, die noch den Besitz des Kriegsgefangenen ausmachen. Hier also zunächst das Gedicht:

Dies ist meine Mütze,
dies ist mein Mantel,
hier mein Rasierzeug
im Beutel aus Leinen.

Konservenbüchse:
Mein Teller, mein Becher,
ich hab in das Weißblech
den Namen geritzt.

Geritzt hier mit diesem
kostbaren Nagel,

den vor begehrlichen
Augen ich berge.

Im Brotbeutel sind
ein Paar wollene Socken
und einiges, was ich
niemand verrate,

so dient er als Kissen
nachts meinem Kopf.
Die Pappe hier liegt
zwischen mir und der Erde.

Die Bleistiftmine
lieb ich am meisten.
Tags schreibt sie mir Verse,
die nachts ich erdacht.

Dies ist mein Notizbuch,
dies meine Zeltbahn,
dies ist mein Handtuch,
dies ist mein Zwirn.

Ich möchte Günter Eichs Inventur-Gedicht im Kontext dieses Buches als ein HABEN-Gedicht verstanden wissen und muss das begründen. Denn das Wort HABEN kommt in den Versen nur einmal vor, und dann noch als bloßes Hilfsverb (HAB – geritzt). Ein weiteres Mal ist es (als poetische Lizenz!) in einer Ellipse versteckt (Ø – erdacht). Versteckt oder eher auf andere Weise offengelegt ist HABEN jedoch auch in dem an mehreren Stellen mit Nachdruck wiederholten Possessiv-Pronomen (MEINE Mütze etc.). So haben auch mehrere Interpreten den Inhalt des Gedichts als einen Katalog von HABSELIGKEITEN beschrieben, die diesem Kriegsgefangenen als letztes geblieben sind.

Wir wollen noch genauer zusehen, was es mit dieser Inventur auf sich hat. Was eine Inventur in Friedenszeiten ist, regelt im ordentlichen Geschäftsleben das Handelsgesetzbuch. Vorgeschrieben wird dort auch, zusätzlich zur geschäftsbegleitenden Buchführung, eine außerordentliche, normalerweise am Ende des Geschäftsjahres durchzuführende Bestandsaufnahme aller Vermögenswerte und Verbindlichkeiten. Das geht, ebenso wie alle andere Buchführung, nach dem Prinzip von SOLL und HABEN. In diesem Sinn – aber fast unerreichbar weit entfernt von jeder friedenszeitlichen Inventur – ist auch Günter Eichs Bestandsaufnahme im Kriegsgefangenenlager aufzufassen als eine außerordentliche Inventur seiner armseligen HABE oder eben seiner letzten HABSELIGKEITEN.

Und wo ist das SOLL? Der Katalog alles dessen, was dieser Mann hinter Stacheldraht NICHT HAT, aber nach bürgerlichen Maßstäben HABEN SOLLTE? Das bleibt in dem Gedicht ungesagt, kann aber in großen Zügen aus der Situation erschlossen werden. Auslöser des Gedichts ist offenbar, wie in der Erinnerung ehemaliger Kriegsgefangener unvergessen (ich weiß, wovon ich rede), eine bevorstehende Leibesvisitation oder «Filzung» aller Lagerinsassen. Es müssen dabei alle im Besitz der Gefangenen befindlichen Gegenstände vorgewiesen werden, zum demonstrativen Beweis dafür, dass sie keine Waffen (Messer oder dergleichen) mit sich führen. Ein größerer Nagel, wie ihn der Kriegsgefangene Eich noch besitzt und mit dem er die überaus wichtige Konservenbüchse, sein Essgeschirr, als sein Eigentum kennzeichnen kann, ist schon ein höchst heikler Gegenstand, der vor den «begehrlichen Augen» nicht nur der Kameraden, sondern vor allem der Bewacher sorgsam verborgen werden muss.

Es erscheint mir wichtig, beim Lesen des Gedichts von Günter Eich nicht zu übersehen, wie prekär für den Kriegsgefangenen diese ihm auferlegte Inventur ist. Und vor allem sind Aufzeichnungen aller Art immer verdächtig. Gut also, dass der Gefangene Eich nur eine Bleistiftmine, nicht einen ganzen Bleistift bei sich führt. Und wie riskant ist schließlich der in den wollenen Socken sogar vor den Augen des Lesers verborgene Inhalt des Brotbeutels?

In dieser Sicht der Dinge ist nun auch deutlich zu erkennen, was in der Inventur des Kriegsgefangenen zu Buche schlägt, als sein SOLL und sein HABEN. Das Schlimmste an seiner Situation ist, dass er bei Wind und Wetter, tags wie nachts, kein Dach über dem Kopf HAT. Das ist für ihn das alles beherrschende SOLL. Doch kann er auf der HABEN-Seite wenigstens verbuchen, dass er Mütze, Mantel und gegen den Regen eine Zeltplane und ein Stück Pappe bei sich führt. So weit für das tägliche Überleben.

Nur vor diesem Hintergrund ist eine abwägende Bewertung der Lage nach SOLL und HABEN möglich. Sie ist nicht mehr von Günter Eich vorgenommen worden, sondern seit den Tagen der Gruppe 47 von der deutschen Literatur, das heißt konkret, von den zahllosen Lesern und Leserinnen, die diesen Text fest in den Kanon ihrer wertbeständigsten Gedichte aufgenommen haben.

MENSCHENRECHTE SIND HABEN-RECHTE

Der Anfang der Menschen- und Bürgerrechte ist vor langer Zeit in Großbritannien gemacht worden, als König Karl II. im Jahre 1679 für alle Bürger des englischen Königreiches die HABEAS CORPUS AKTE erließ. Die Rechtsformel, unter der dieses Freiheitsrecht zu einem historischen Ereignis geworden ist, besagt dem Wortlaut nach: «Du magst den Körper HABEN». Gemeint ist, dass die Obrigkeit einen beschuldigten Staatsbürger zwar in Gewahrsam nehmen darf, aber nur unter genau definierten Bedingungen. Es darf insbesondere niemand willkürlich, das heißt, ohne richterlichen Haftbefehl und ohne Prüfung der Haftgründe, in Gewahrsam genommen und gehalten werden. Wenn man es positiv formuliert, so HAT nunmehr jeder Bürger des Landes einen Rechtsanspruch auf individuelle Freiheit.[1]

Es dauerte noch ungefähr ein Jahrhundert, bis – nun im Plural und in Katalogform – die Freiheitsrechte der Menschen zur politischen Reife gediehen waren. Das ist im Zeitalter der Aufklärung und zunächst in den britischen Kolonien Nordamerikas geschehen, in Verbindung mit dem Kampf dieser Territorien um ihre Unabhängigkeit von der englischen Krone und für ihre Selbständigkeit als Vereinigte Staaten von Amerika.

Unter den grundlegenden Dokumenten, in denen diese Rechte zum erstenmal mit klarem Bewusstsein kodifiziert worden sind, ist an erster Stelle das Manifest zu nennen, das von dem dreiunddreißigjährigen Thomas Jefferson verfasst und unter dem Titel *The Virginia Declaration of Rights* am 12. Juni 1776 verabschiedet worden ist. Das Dokument beginnt in seinem ersten Artikel wie folgt:

> *That all men* ARE *by nature equally free and independent and* HAVE *certain rights [...]; namely, the enjoyment of life and liberty, with the means of acquiring and* POSSESSING PROPERTY, *and pursuing and obtaining happiness and safety.*

> [Dass alle Menschen von Natur aus gleich frei und unabhängig SIND und gewisse Rechte HABEN (...), namentlich den Genuss von Leben und Freiheit, zusammen mit den nötigen Mitteln, um EIGENTUM zu erwerben und zu BESITZEN, sowie um Glück und Sicherheit zu erstreben und zu erhalten.]

Auf dieses Manifest nimmt dann wenige Wochen später, am 4. Juli des gleichen Jahres, die von Repräsentanten aller dreizehn amerikanischen Bundesstaaten in Philadelphia verabschiedete *Declaration of Independence* Bezug, die den Anspruch der nationalen Unabhängigkeit noch weiter ausdehnt und neu formuliert. In diesem Text heißt es:

> *We hold these Truths to be self-evident that all Men* ARE CREATED *equal, that they* ARE ENDOWED *by their Creator with certain unalienable Rights, that among these* ARE *Life, Liberty, and the Pursuit of Happiness* [...].

> [Wir halten es für selbstverständliche Wahrheiten, dass alle Menschen gleich GESCHAFFEN SIND und von ihrem Schöpfer mit gewissen unveräußerlichen Rechten AUSGESTATTET SIND, als da SIND Leben, Freiheit und Glücksstreben.]

In diesem zentralen Textabschnitt des großen Freiheitstextes von 1776 findet sich nicht mehr das Verb HABEN. Es ist der frommen Rhetorik zum Opfer gefallen («*endowed by their Creator*»). Doch ist die gemeinte HABEN-Prädikation auch in dieser synonymischen Gewandung noch deutlich zu erkennen.

*

Ein weiterer Zeitsprung um fast zwei Jahrhunderte soll uns noch näher an die Gegenwart heranführen. Man schreibt das Jahr 1948. Der Zweite Weltkrieg liegt nur ein paar Jahre zurück. Aber die Vereinten Nationen, die als Lehre aus den schrecklichen Erfahrungen dieses Krieges entstanden sind, haben die Arbeit aufgenommen. Eine ihrer ersten Aufgaben hat diese Weltorganisation darin gesehen, einen neuen Katalog der Menschenrechte aufzustellen. Er wurde als «Allgemeine Erklärung der Menschenrechte» am 10. Dezember 1948 von der Vollversammlung der Vereinten Nationen in Paris verabschiedet.

Nach einer ausführlichen Präambel besagt diese Erklärung in ihrem ersten Artikel, mit deutlichem Anklang an die amerikanische Unabhängigkeitserklärung:

> Alle Menschen SIND frei und gleich an Würde und Rechten geboren. Sie SIND mit Vernunft und Gewissen begabt und sollen einander im Geiste der Brüderlichkeit begegnen.

Danach geht der Text in seinen nächsten Artikeln vom SEIN zum HABEN über. Der dritte Artikel lautet kurz und knapp, aber mit deutlichem Rückgriff auf die *Habeas Corpus* Akte: «Jeder HAT das Recht auf Leben, Freiheit und Sicherheit der Person.» Auch dem Eigentum ist ein HABEN-Recht gewidmet: «Jeder [...] HAT das Recht auf Eigentum.» Und der erste Satz des Artikels zur Versammlungsfreiheit lautet: «Alle Menschen HABEN das Recht, sich friedlich zu versammeln und zu Vereinigungen zusammenzuschließen.» Als letztes schließlich noch ein Blick auf den ersten Satz des Artikels 29 dieser Grundrechte, der die wichtige Neuerung bringt, außer den Rechten der Menschen auch Pflichten zu formulieren: «Jeder HAT Pflichten gegenüber der Gemeinschaft, in der allein die freie und volle Entfaltung seiner Persönlichkeit möglich IST.»

*

In diese Tradition der Freiheits- und Menschenrechte stellt sich auch das Grundgesetz der Bundesrepublik Deutschland, das in seiner ursprünglichen Fassung am 23. Mai 1949 in Bonn beschlossen worden ist. Es hebt an mit einem Katalog der Grundrechte, deren erster und wichtigster Artikel in einer SEINS-Bestimmung ausgedrückt ist: «Die Würde des Menschen IST unantastbar». Die dann folgenden Grundrechte, neunzehn an der Zahl, sind jedoch mehrheitlich in HABEN-Prädikationen formuliert, zum Beispiel: «Jeder HAT das Recht auf die freie Entfaltung seiner Persönlichkeit». Oder: «Jeder HAT das Recht, seine Meinung in Wort, Bild und Schrift frei zu äußern und zu verbreiten». Ferner auch: «Alle Deutschen HABEN das Recht, sich ohne Anmeldung oder Erlaubnis friedlich und ohne Waffen zu versammeln».

Gewiss gibt es im Grundgesetz auch Grundrechte, die mit abweichenden sprachlichen Mitteln, zum Beispiel nominal formuliert sind. Andere Artikel wiederum sind zwar verbal formuliert, geben aber der stilistisch-rhetorischen Neigung nach, durch einen Wechsel im lexikalischen Ausdruck einen Gleichklang der Formulierungen zu vermeiden, zum Beispiel: «Das Eigentum und das Erbrecht WERDEN GEWÄHRLEISTET».

Manche der später ergänzend formulierten Menschenrechte sind gleichfalls als HABEN-Rechte formuliert, zum Beispiel aus der «Konvention zum Schutze der Menschenrechte und Grundfreiheiten» vom 5. Mai 2002 ein ausführlich formuliertes Grundrecht, von dem hier nur der erste und der letzte Satz des Artikels 5 zitiert werden sollen: «Jede Person HAT das Recht auf Freiheit und Sicherheit. [...] Jede Person, die unter Verletzung dieses Artikels von Festnahme oder Freiheitsentziehung betroffen IST, HAT Anspruch auf Schadensersatz.» Dieser Artikel liest sich wie eine legislative Ausformulierung der *Habeas Corpus* Akte von 1679.

*

Die Menschenrechte als HABEN-Rechte zu proklamieren, ist eine Sache, ihre Verwirklichung im gesellschaftlichen Leben eine andere. Diese enttäuschende Erfahrung ist das leidvolle Thema einer großen Demonstration von *African Americans,* die am 28. August 1963 in Washington stattgefunden hat. Bei diesem bedeutsamen Ereignis hat der amerikanische Bürgerrechtler Martin Luther King seine berühmte Rede gehalten, die als *I have a dream speech* in das Gedächtnis der amerikanischen Nation eingegangen ist.[2]

Martin Luther King beginnt seine Rede mit einer historischen Erinnerung an Abraham Lincoln und an seine Befreiung aller amerikanischen «Neger» (so wörtlich beim Redner: *Negroes*) aus der «langen Nacht ihrer Sklaverei». Doch selbst ein Jahrhundert später, zur Zeit dieser Rede, ist das große Versprechen der Emanzipation noch nicht voll eingelöst. Und so haben sich nun Hunderttausende von «farbigen Staatsbürgern» (*citizens of color*) in Washington versammelt, um die uneingeschränkten Grundrechte der Freiheit und Gleichheit einzufordern. «In gewissem Sinne sind wir in die Hauptstadt unserer Nation gekommen, um einen Scheck zu kassieren» (*In a sense we HAVE come to our nation's capital to cash a check*).

Martin Luther King ist sich ganz sicher, dass die Zeit dafür reif ist. Eben das ist sein großer Traum, der nichts anderes will, als die Geschichte des «amerikanischen Traums» (*the American dream*) fortzuschreiben und zur Vollendung zu führen. Den Inhalt seines Traums stellt der Redner in neun Abschnitten vor, die jeweils markant beginnen: *«I HAVE a dream»* und sodann den Bogen schlagen von «heute» bis zu dem Datum «eines Tages», dem erträumten Tag der vollendeten Freiheit.

Es sollen hier nur Auszüge aus dem ersten, dem vierten und dem letzten Traum im Wortlaut zitiert werden. Im ersten Traum erinnert der Redner an die Unabhängigkeitserklärung von 1776 und verlängert deren Geltung hoffnungsvoll in die Zukunft:

> *I HAVE a dream that one day this nation will rise up and live out the true meaning of its creed: «We hold these Truths to be self-evident that all Men are created equal (...).»*

> [Ich HABE einen Traum, dass sich unsere Nation eines Tages erheben und die wahre Bedeutung ihres Glaubenssatzes erleben wird: «Wir halten es für selbstverständliche Wahrheiten, dass alle Menschen gleich geschaffen sind.]

Nach dieser Erinnerung an die Grundlagen des «amerikanischen Traums» erklärt der Redner auch seinen eigenen Traum als Zukunftstraum, zum Beispiel für seine Familie:

> *I HAVE a dream that my four children will one day live in a nation where they will not be judged by the color of their skin but by the content of their character.*

> [Ich HABE einen Traum, dass meine vier Kinder eines Tages in einer Nation leben werden, wo sie nicht nach ihrer Hautfarbe beurteilt werden, sondern nach ihren Charaktereigenschaften.]

Der an letzter Stelle geäußerte Traum ist ganz in biblischer Sprache abgefasst und verheißt der erhofften Zukunft (*will be*) eine biblisch akzentuierte, innere Gewissheit (*shall be*).

> *I HAVE a dream that one day (...) «the glory of the Lord shall be revealed, and all flesh shall see it together».*

> [Ich HABE einen Traum, dass sich eines Tages «die Herrlichkeit des Herrn offenbaren und alles Fleisch sie schauen wird».]

Martin Luther King hat, wie Moses, das gelobte Land der vollendeten Freiheit und Gleichheit nur in einer Vision geschaut, nicht mehr selber erlebt. Er wurde mit 39 Jahren von einem fanatisierten Rassisten ermordet. Die amerikanische Nation gedenkt jedes Jahr am *Martin Luther King Day* mit Dankbarkeit dieses großen Menschen und Redners.

EIN GRIECHISCHER EPILOG – MIT DIOGENES UND ALEXANDER DEM GROSSEN

Noch einmal Diogenes. Nun sehen wir ihn so, wie ihn der französische Maler Nicolas André Monsiau gemalt hat (s. nächste Seite). Wir erkennen ihn wieder an der Tonne, seinem Markenzeichen, und an den sonstigen Attributen seines NICHT-HABENS.[1] Verglichen jedoch mit der Darstellung auf dem Gemälde von Jean-Léon Gérôme (s. Umschlag dieses Buches), ist Diogenes bei Monsiau sichtlich gealtert. Er scheint darauf angewiesen, am Stock zu gehen.

Fast alles, was wir sonst über Diogenes wissen, geht zurück auf die «Geschichte der griechischen Philosophie» des spätgriechischen Schriftstellers Diogenes Laertios (um 275 n. Chr.).[2] Doch anders und ausführlicher als in seinen Kapiteln über Platon und Aristoteles, hat sich dieser Autor bei dem Philosophen Diogenes hauptsächlich für die zahlreichen Anekdoten interessiert, die über die Tabu-Brüche des Skandalphilosophen in Umlauf waren. Opfer seiner scharfen Zunge waren mit Vorliebe – außer seinen philosophischen Kollegen – die reichen HABENDEN, deren Luxusleben er als Sohn eines Bankiers in Sinope am Schwarzen Meer bis zum Überdruss kennen gelernt hatte. Vom Lebensstil dieser Gesellschaftsschicht hatte er sich mit seiner demonstrativen Bedürfnislosigkeit weit genug abgewandt, um als öffentlich lehrender Philosoph Geiz und Gier der HABENDEN glaubwürdig anprangern zu können.

In dem mosaikartigen Lebensbild, das Diogenes Laertios von dem gleichnamigen Philosophen entworfen hat, sind von besonderer Prägnanz diejenigen Anekdoten, in denen der alternde Kyniker mit Alexander, dem jugendlich strahlenden König von Makedonien, konfrontiert wird. Von diesem Alexander, den die Geschichte den Großen nennt, da er über die ganze damals bekannte Welt – Okzident und Orient – herrschen wollte, handeln zahllose Geschichtsbücher des Altertums und der Neuzeit.[3] Und so wissen wir auch von ihm, dass er spätestens auf der Höhe seiner Macht ALLES HATTE, was ihm als

Nicolas André Monsiau, *Alexander und Diogenes*, 1818

griechischem König und persischem Großkönig zur grenzenlosen Verfügung stand. Damit soll nicht nur die Menge der materiellen Güter gemeint sein, von denen in Griechenland selbst ein Bankier oder Bankierssohn kaum zu träumen wagte, sondern auch treue Diener, ergebene Hofleute, tapfere Soldaten, tüchtige Offiziere und vor allem – unschätzbar für einen absoluten Herrscher – verlässliche Freunde, aus deren Mund er bei Gelegenheit die Wahrheit über sich hören konnte. Das alles wird er reichlich und im Überfluss GEHABT HABEN. Doch zeigte sich bald bei diesem jugendlichen Herrscher und siegreichen Feldherrn eine gefährliche Neigung zum Jähzorn. Und so hat er einmal bei einem Festmahl, als der Wein in Strömen floss, seinen besten Freund und Lebensretter Kleitos, der ihm in seinem Lebens- und Herrschaftsstil zu widersprechen wagte, auf der Stelle mit der Lanze durchbohrt. Nein, die KUNST DES HABENS hat Alexander sicher nicht beherrscht, da er sich selber nicht beherrschen konnte.

Dieser Alexander jedoch, so heißt es in einer weiteren, von Diogenes

Laertios überlieferten Anekdote, suchte einmal den Philosophen Diogenes auf, um mit ihm eine Weile zu disputieren. Zu diesem Ansinnen konnte er sich gut gerüstet fühlen, da er in seiner Jugend den bestmöglichen Erzieher gehabt hatte: Aristoteles.

Genau diese Begegnung zwischen Alexander dem Großen und dem besitzlos lebenden Philosophen Diogenes hat nun den Maler Nicolas André Monsiau zu seinem Gemälde angestiftet. Dafür spricht auf der einen Seite die stolz herausfordernde Pose des elegant gekleideten Königs, auf der anderen das armselige Lager, das der Philosoph sich vor seiner Tonne bereitet hat.

Nach einer dazu passenden Anekdote hat die Begegnung des ALLES-HABENDEN und des NICHTS-HABENDEN mit einer gegenseitigen Selbstvorstellung begonnen: «Ich bin Alexander der Große.» – «Und ich bin Diogenes der Hund.» Wie wird nun wohl der Disput zwischen dem Aristoteles-Schüler und dem Kyniker begonnen haben? Vielleicht, gut aristotelisch, mit einer Frage Alexanders, wie oder wie anders Diogenes wohl die zehn aristotelischen Kategorien verstanden hat, zumal die achte Kategorie: HABEN? Um ALLES oder NICHTS hätte sich der Disput der beiden ungleichen Opponenten dann wohl bewegen müssen. Ganz schulmäßig hermeneutisch hätte Alexander den Philosophen auch darauf ansprechen können, wie denn die Frage lauten kann, auf die das Hundeleben eines Diogenes die adäquate Antwort ist.

Nichts dergleichen ist tatsächlich von einem solchen Disput überliefert. Doch weiß eine weitere Anekdote, die gleichfalls von Diogenes Laertios zu verantworten ist, den Lesern zu berichten, dass Alexander der Große als mächtiger Weltherrscher dem Mann mit der Tonne das großzügige Angebot gemacht hat, «Wünsche dir, was du möchtest.» Da soll Diogenes nur geantwortet haben: «Geh mir aus der Sonne!»

Die knappe Antwort und Abfuhr, die der große Alexander in dieser Anekdote von Diogenes dem Hund erfahren hat, ist berühmt geworden als Inbegriff einer kynischen Lebenskunst und als Schlüssel zu deren mediterranem Code.

Am Ende dieser anekdotischen Begegnung an der Tonne soll Alexander dann noch, vielleicht mit einer Ahnung von der Kunst des HABENS und NICHT-HABENS, ausgerufen haben: «Wenn ich nicht Alexander wäre, möchte ich wohl Diogenes sein.» Ja wenn. Na dann.

DANKSAGUNG

Für ihre kritische Begleitung beim Entstehen dieses Buches danke ich vielmals Klaus Brüggemann, Hermann Korte, Yorkis Kyvellos, Franca Ortu, Harro Stammerjohann sowie meinen Töchtern Ulrike und Lotte.

ANMERKUNGEN

VORHABEN

1 Das Diogenes-Gemälde von Gérôme hängt in Baltimore: The Walters Art Museum.

2 Aristoteles: Politik 1253 a, hier zitiert nach der Ausgabe von Wolfgang Kullmann, Reinbek bei Hamburg: Rowohlt 3. Aufl. 2009, Buch 1, S. 47. Mit dem «Logos» ist die Sprachvernunft gemeint (vgl. auch Kap. 2).

KAPITEL 1

1 Aristoteles: Kategorien, übersetzt und erläutert von Klaus Oehler. Berlin: Akademie-Verlag 1984, Kap. 4 und 15. Meine Übersetzung in Anlehnung an die ausgezeichnete französische Übersetzung in der griechisch-französischen Ausgabe von Frédérique Ildefonse und Jean Lallot in: Catégories, Paris: Éditions du Seuil, 2002. Vgl. auch die griechisch-deutsche Ausgabe, ed. Ingo W. Rath. Stuttgart: Reclam 1998 (RUB 9706).

2 Aristoteles: Metaphysik, übersetzt von Hermann Bonitz, ed. Wellmann. Reinbek bei Hamburg: Rowohlt 5. Aufl. 2007. Kap. 5, 23 (vgl. auch Kap. 7, 8 und 23. Ebenfalls meine Übersetzung).

3 Immanuel Kant: Kritik der reinen Vernunft. Transzendentale Analytik, §§ 10 und 11: «Von den reinen Verstandesbegriffen oder Kategorien». Werke in zwölf Bänden, Frankfurt/M: Suhrkamp Werkausgabe 1981, Bd. III, S. 116 ff.

4 Umberto Eco: Die unendliche Liste (ital. 2009). München: Hanser 2009.

5 Friedrich Adolf Trendelenburg: De Aristotelis categoriis. Berlin 1833. Ders.: Geschichte der Kategorienlehre, 3 Bde. Berlin 1846–1867, besonders Bd. I, S. 33.

KAPITEL 2

1 Johann Gottfried Herder: Abhandlung über den Ursprung der Sprache (1770). Sämtliche Werke, hg. Bernhard Suphan, 33 Bde., Hildesheim: Olms 2. Auflage 1967, Bd. V, besonders Erster Teil, 1. und 2. Abschnitt.

2 Giovanni Pico della Mirandola: Oratio de hominis dignitate. Rede über die Würde des Menschen, hg. August Buck. Hamburg: Meiner 1990. Andere Ausgabe, hg. Gerd von der Gönna. Stuttgart: Reclam 1997. Vgl. auch Clemens Zintzen: Vom Menschenbild der Renaissance. Florentiner Kultur im Quattrocento. Hildesheim: Olms 2009.

3 Max Scheler: Die Stellung des Menschen im Kosmos. Gesammelte Werke in 15 Bänden, Bd. ix. Einzelausgabe hg. Manfred Frings. Bonn: Bouvier, 18. Aufl. 2010, besonders S. 9–41.

4 Helmuth Plessner: Die Stufen des Organischen und der Mensch. Einleitung in die philosophische Anthropologie. In: Gesammelte Schriften, Bd. IV. Frankfurt/M: Suhrkamp 1981, besonders Kap. 4 und 5.

KAPITEL 3

1 Arthur Schopenhauer: Aphorismen zur Lebensweisheit, in: Parerga und Paralipomema (1851), hauptsächlich Kap. I, II und III. Sämtliche Werke, hg. Arthur Hübscher, Bd. V. Wiesbaden: Brockhaus 2. Aufl. 1966, S. 331–430. Vgl. auch die ebenfalls von Arthur Hübscher besorgte Reclam-Ausgabe (RUB 5002), Stuttgart: Reclam 2007 (mit einer Einführung des Herausgebers). Vgl. ferner Rüdiger Safranski: Schopenhauer und die wilden Jahre der Philosophie. Eine Biographie (1987), 2. Aufl. München: Hanser 2010.

2 Das Horaz-Zitat in Epistulae II, 2, Vers 182. Voraus geht ein siebenteiliger Katalog erstrebenswerter Luxusgüter, auf die er persönlich gerne Verzicht leisten würde.

3 Schopenhauer hat um die Zeit 1830/31 eine «Eristik» (Streitkunst) entwickelt, die heute aus seinem Nachlass zugänglich ist unter dem Titel «Die Kunst, Recht zu behalten», hg. Franco Volpi. Frankfurt/M: Insel 1995 (insel taschenbuch 1658).

KAPITEL 4

1 Martin Heidegger: Sein und Zeit (1927). Tübingen: Niemeyer 16. Aufl. 1986, besonders die Seiten 68 ff., 231 ff., 252 ff., 304 ff. (das Zitat zur «Vorhabe» S. 311). Vgl. Rüdiger Safranski: Ein Meister aus Deutschland: Heidegger und seine Zeit. Frankfurt/M: Fischer Taschenbuch Verlag 2001.

2 Martin Heidegger: «Das Wesen der Sprache», in: Unterwegs zur Sprache (1959). Stuttgart: Klett-Cotta 14. Aufl. 2007, S. 166.

3 Zu Heideggers «Vorhabe» vgl. auch Matthias Jung: Hermeneutik zur Einführung. Hamburg: Junius 2001, S. 108.

KAPITEL 5

1 Gabriel Marcel: Être et avoir. Paris : Aubier 1935, besonders Teil II : Esquisse d'une phénoménologie de l'avoir, S. 223–255. Deutsch: Sein und Haben, Paderborn: Schöningh 1954. Zur Vorgeschichte dieser Thematik vgl. auch Günther Stern (Pseudonym Günther Anders): Über das Haben. Sieben Kapitel zur Ontologie der Erkenntnis. Bonn: Friedrich Cohen 1928. Vom Haben handelt nur das Kapitel IV mit dem Untertitel «Posse und possessivum». Auffällig (und bedenklich) ist an diesem Text, dass der Autor vom Haben fachsprachlich immer in der (ungrammatischen) Passiv-Form spricht. Zu seiner Wirkung auf die französischen Philosophen ist noch zu beachten, dass diese bei ihren Anleihen an die deutschsprachige Philosophie für das anthropologisch-phänomenologische Fachwort «Leib» (mit «Leiblichkeit»), das von dem alltäglich-biologischen Nomen «Körper» unterschieden wird, nur das eine Wort *corps* (mit *corporéité*) zur Verfügung haben. Es wird

öfter in der Form *mon corps* («mein Körper») an die Bedeutung von «Leib» (vgl. engl. *life*) angenähert.

2 Günther Anders: Über das Haben. Sieben Kapitel zur Ontologie der Erkenntnis, Bonn 1928.

3 Jean-Paul Sartre: L'être et le néant. Essai d'ontologie phénoménologique. Paris: Gallimard 1943, besonders S. 616ff. und 652ff. Deutsch: Das Sein und das Nichts (1952). Ferner: L'existentialisme est un humanisme (1946), Présentation et notes par Arlette Elkaim-Sartre. Paris: Gallimard 1996 (folio essais 284).

4 Jean-Paul Sartre: Les Mouches in: Huis clos suivi de Les Mouches. Paris: Gallimard 1947. Taschenbuch-Ausgabe folio 807. Zu Sartre vgl. auch Annie Cohen Solal: Sartre 1905–1980. Paris: Gallimard 1999.

5 Pierre Bourdieu: Zur Soziologie der symbolischen Formen (franz. 1970). Frankfurt/M 1974 (stw 107), zum Habitus besonders S. 125–158. Zu empfehlen ist ferner sein Buch: Les règles de l'art. Genèse et structure du champ littéraire. Paris: Seuil 1992, besonders « Les habitudes et les possibles », S. 363–368. Deutsch: Die Regeln der Kunst. Frankfurt/M: Suhrkamp 1999 (stw 1539). Vgl. auch zu diesem Autor Joseph Jurt: Das literarische Feld. Das Konzept Pierre Bourdieus in Theorie und Praxis. Darmstadt: Wissenschaftliche Buchgesellschaft 1995.

KAPITEL 6

1 Erich Fromm: To Have or to Be? (1976). Taschenbuch-Ausgabe New York: Continuum 1997. Deutsch: Haben oder Sein? Die seelischen Grundlagen einer neuen Gesellschaft. Stuttgart: Deutsche Verlagsanstalt 1976.

2 In der Kunst zu lieben, ohne zu HABEN, hilft die Lektüre von Fromms höchst erfolgreichem Buch «The Art of Loving» aus dem Jahre 1956.

3 Erich Fromm: Vom Haben zum Sein. Wege und Irrwege der Selbsterfahrung, hg. Rainer Funk. Frankfurt/M: Ullstein 2005, 6. Aufl. 2011.

KAPITEL 7

1 Vgl. Peter Eisenberg: Grundriss der deutschen Grammatik, Band 2: Der Satz. Stuttgart: Metzler 3. Aufl. 2006. – Aus textlinguistischer Perspektive wird diese Frage von mir behandelt in: Sprache in Texten. Stuttgart: Klett 1976, besonders Abschnitte II und III. – Eine neue Behandlung des grammatischen Problems der Haben-Syntax gibt es von Martin Businger: Haben als Vollverb. Eine dekompositionale Analyse. Berlin: De Gruyter 2011. Diese umfangreiche Arbeit konnte ich erst nach Abschluss des Manuskripts zur Kenntnis nehmen und für die Konzeption dieses Buches nicht mehr berücksichtigen.

2 Als Pionier der linguistischen Forschungen auf diesem Gebiet ist hier Hennig Brinkmann zu nennen, besonders sein Aufsatz «Die haben-Perspektive» in der Festschrift Weisgerber 1959, S. 176 und 194, sowie sein großes Werk: Die deutsche Sprache. Gestalt und Leistung. Düsseldorf: Schwann 2. Aufl. 1971, besonders S. 413 f.

KAPITEL 8

1 Näheres zu den Tempus-Perspektiven der Rückschau und Vorausschau in meinem Buch: Tempus. Besprochene und erzählte Welt (1964). München: C.H.Beck 6. Aufl. 2001, besonders Kap. III zur Sprechperspektive.

2 Hans Jonas: Das Prinzip Verantwortung. Versuch einer Ethik für die technologische Zivilisation (1979). Frankfurt/M: Insel 1984 (suhrkamp taschenbuch 1085). Ferner auch Eva Buddeberg: Verantwortung im Diskurs. Grundlinien einer rekonstruktiv-hermeneutischen Konzeption moralischer Verantwortung. Berlin: De Gruyter 2011.

KAPITEL 9

1 Vgl. auch zu den verschiedenen Aspekten der deutschen Grammatik die linguistisch-literarischen Überlegungen von Thomas Steinfeld in seinem Buch «Der Sprachverführer. Die deutsche Sprache: was sie ist, was sie kann». München: Hanser 2010.

KAPITEL 10

1 Zur politisch-ökonomischen Problematik des Eigentums (als «Diebstahl») vgl. Pierre-Joseph Proudhon: Qu'est-ce que la propriété? (1841) hg. Robert Damien / Edward Castleton. Paris: Librairie Générale Française 2009. Deutsch: Theorie des Eigentums. Kiel: Gauke 2010.

2 Näheres zur Lexikographie in meinem Buch: Sprache das heißt Sprachen. Tübingen: Gunter Narr 3. Aufl. 2006, hier besonders Kap. V: «Sprache in Wörterbüchern», S. 157–206.

3 Der zitierte Text nach der Fassung des DUDEN. Das große Wörterbuch der deutschen Sprache in 10 Bänden (3. Aufl. 1999), in neuer Rechtschreibung und mit «sie» statt «er» HAT nichts.

KAPITEL 11

1 Die Slang-Stilistik von Ernest Hemingway, der in seinem Roman «To Have and Have Not» (1937) alle vulgärsprachlichen Varietäten des Habens im amerikanischen Englisch durchspielt, kann hier nicht berücksichtigt werden.

2 Émile Benveniste: Problèmes de linguistique générale, 2 Bde. Paris: Gallimard 1966/1974. Taschenbuch-Ausgabe 2008 (Collection TEL 7 und 47). Einschlägig zur «Pertinenz» als Bedeutung des Verbs HABEN sind insbesondere die sehr wichtigen Aufsätze «Être et avoir dans leurs fonctions linguistiques», Bd. I, S. 187–207, und «Les transformations des catégories linguistiques», Bd. II, S. 126–136.

KAPITEL 12

1 Immanuel Kant: Beantwortung der Frage: Was ist Aufklärung? Ausgewählte kleinere Schriften, hg. Horst D. Brandt. Hamburg: Meiner 1999 (Philosophische Bibliothek, 512), S. 20.

KAPITEL 13

1 Die in der Pragmalinguistik gebräuchlichen Begriffe der «negativen» und «positiven» Höflichkeit ersetze ich hier aus Gründen der Höflichkeit durch «defensive» und «offensive» Höflichkeit.

2 Als Klassiker der Höflichkeit gilt Norbert Elias: Über den Prozess der Zivilisation. Soziogenetische und psychogenetische Untersuchungen. Frankfurt/M: Suhrkamp 1976. Vgl. auch meine Schrift: Lügt man im Deutschen, wenn man höflich ist? Mannheim: Bibliographisches Institut 1986 (Duden-Beiträge 48).

3 Vgl. Maria Thurmair: Modalpartikeln und ihre Kombinationen. Berlin: De Gruyter 2003.

KAPITEL 14

1 Klaus Müller: Lexikon der Redensarten. Gütersloh: Bertelsmann 1994.

KAPITEL 15

1 Joseph Vogl: Das Gespenst des Kapitalismus. Zürich: diaphanes 3. Aufl. 2010/2011, hier besonders S. 39ff. und 134 f.

2 Jutta Limbach (Hg.): Das schönste deutsche Wort. Ismaning: Hueber 2005. Zu «Habseligkeiten» vgl. besonders S. 122 f. Ferner auch: Walter Krämer / Roland Kaehlbrandt: Lexikon der schönen Wörter. München: Piper 2011.

KAPITEL 16

1 Immanuel Kant: Kritik der reinen Vernunft. Beschluss V. Werke in zwölf Bänden, Frankfurt/M: Suhrkamp Bd. II, S. 205.

2 Hans Blumenberg: Lebenszeit und Weltzeit. Frankfurt/M: Suhrkamp 1986. Taschenbuch-Ausgabe 2001 (stw 1514), besonders Erster Teil sowie Zweiter Teil, Kap. I, II und XI. – Aus dem Nachlass publiziert ist: Die Vollzähligkeit der Sterne. Frankfurt/M: Suhrkamp 1997 (stw 1931), hier besonders S. 16–19 und 277.

3 Ausführlicher bespreche ich diese Thematik in meinem Buch: Knappe Zeit. Kunst und Ökonomie des befristeten Lebens. München: C.H.Beck 2004, 3. Aufl. 2005. Taschenbuch-Ausgabe 2008 (Beck'sche Reihe 1843).

KAPITEL 17

1 Bruce Chilton: Rabbi Paul – An Intellectual Biography. New York: Doubleday 2004. Vgl. auch Giorgio Agamben: Die Zeit, die bleibt. Ein Kommentar zum Römerbrief (ital. 2000). Frankfurt/M: Suhrkamp 2006 (edition suhrkamp).

2 Zur Kenosis vgl. Gerhard Maier: Er wird kommen. Was die Bibel über die Wiederkunft Jesu sagt. Wuppertal: Brockhaus 3. Aufl. 2001.

3 Vgl. Hans Vaihinger: Philosophie des Als ob. System der theoretischen, praktischen und religiösen Fiktionen der Menschheit auf Grund eines idealistischen Positivismus (1911). Leipzig: Meiner 10. Aufl. 1927.

4 Zur rhetorischen Figur der disiunctio vgl. Heinrich Lausberg: Handbuch der literarischen Rhetorik, 2 Bde. München: Hueber 2. Aufl. 1973, §§ 739–742.

5 Ulrich Fülleborn: Besitzen als besäße man nicht. Besitzdenken und seine Alternativen in der Literatur. Frankfurt/M: Insel 1995. Ders.: Besitz und Sprache. Offene Strukturen und nicht-possessives Denken in der deutschen Literatur. Ausgewählte Aufsätze. München: Fink 2000. Vgl. auch mit ähnlicher Thematik Carlo Ossola: En pure perte. Le renoncement et le gratuit. Paris: Payot & Rivages 2011. Auf die Arbeiten von Fülleborn hat mich Rüdiger Safranski aufmerksam gemacht.

6 Paul Gerhardt: Geistliche Lieder. Stuttgart: Reclam 2007 (RUB 1741), hier besonders S. 30.

KAPITEL 18

1 Emily Dickinson: Gedicht Nr. 478 in: The Complete Poems, hg. Thomas H. Johnson. Boston: Little, Brown and Company 1960.

KAPITEL 19

1 Cicero: De oratore III, 216, zitiert in dem Artikel HABITUS im Historischen Wörterbuch der Rhetorik von Gert Ueding, Spalte 1272–1274.

2 Goethe: «Sprüche IV», Alterswerke. Hamburger Ausgabe, hg. Erich Trunz, Bd. I, München: C.H.Beck 12. Auflage 1981, S. 320.

3 Vgl. auch Balthasar Staehelin: Haben und Sein. Ein medizin-psychologischer Vorschlag als Ergänzung zum Materialismus der heutigen Wissenschaft. Zürich 1971/1986.

4 Thomas Mann: Bekenntnisse des Hochstaplers Felix Krull. Der Memoiren erster Teil. Gesammelte Werke in Einzelbänden, Frankfurter Ausgabe, hg. Peter de Mendelssohn. Frankfurt/M: S. Fischer 1985, Nachwort von Hans Wysling. Zweites Buch, Kap. 5, S. 102–116.

KAPITEL 20

1 Die Grimmschen Märchen werden hier zitiert nach der zweibändigen Reclam-Ausgabe, hg. Heinz Rölleke, die der Ausgabe letzter Hand entspricht. Brüder Grimm: Kinder- und Hausmärchen, Stuttgart: Reclam 1980 (RUB 1191/92). Das Märchen «Die Sterntaler» (Nr. 153) in Bd. II, S. 269 f.

2 Hans Christian Andersen: «Kejserens nye klæder». Samlede Eventyr og Historier, Odense: Hans Reitzels Forlag 1992, S. 78–81. Deutsch: Märchen. Aus dem Dänischen von Eva-Maria Blühm, 3 Bde., Frankfurt/M: Insel Taschenbuch 3. Auflage 1979, hier Bd. I, S. 139–145.

KAPITEL 21

1 Georg Simmel: Soziologie. Untersuchungen über die Formen der Vergesellschaftung. Frankfurt/M: Suhrkamp 1992 (suhrkamp taschenbuch wissenschaft 811), S. 414–421. Vgl. auch Hermann Korte: Einführung in die Geschichte der Soziolo-

gie. Berlin: VS Verlag für Sozialwissenschaften, 8. überarbeitete Aufl. 1996, zu Simmel S. 86–96.

2 Guy de Maupassant: Boule de suif. Paris : Albin Michel 1957, die Novelle «La parure» S. 146–158.

KAPITEL 22

1 Horaz: Ars poetica, Vers 361. Simonides nach Plutarch, Moralia 346 f. Dazu Lessing: Laokoon, Vorrede. Lessings Werke in fünf Bänden. Berlin: Aufbau-Verlag 1965, Bd. III, S. 164.

2 Cesare Ripa: Iconologia overo descrittione dell'imagini universali cavate dall'Antichità et da altri luoghi (italienisch 1593, illustriert 1603). Dazu Eddy de Jongh: Die «Sprachlichkeit» der Niederländischen Malerei des 17. Jahrhunderts. In Sabine Schulze u. a. (Hg.): Leselust. Niederländische Malerei von Rembrandt bis Vermeer. Frankfurt/M: Kunsthalle 1993, S. 23–34.

3 Auf dieses Bild bin ich bei einem Besuch der *National Gallery* in Washington aufmerksam gemacht worden von meiner Enkelin Anna Lea Albright, die es für die dortige *National Cathedral School* in einer ausführlichen Bildbeschreibung vorgestellt hat. Des Weiteren habe ich im Zusammenhang mit einer Münchner Ausstellung mit Gewinn die Ausstellungskritik gelesen, die Willibald Sauerländer dazu in der Süddeutschen Zeitung vom 17.3.2011 veröffentlicht hat.

4 Emanuele Tesauro: Il Cannocchiale Aristotelico (1654), hg. August Buck, Bad Homburg: Gehlen 1968, besonders S. 357.

5 Arthur Schopenhauer: Die Welt als Wille und Vorstellung, Gesamtausgabe, hg. Ludger Lütkehaus, München: Deutscher Taschenbuch Verlag, 3. Buch, § 48, S. 307–311.

6 Marcel Proust: A la recherche du temps perdu. La prisonnière, hg. Pierre Clarac / André Ferré, 3 Bde. (Bibliothèque de la Pléiade), Paris: Gallimard 1954, Bd. III, S. 186 f. (Hinweis bei Niels Büttner: Vermeer. München: C.H.Beck 2010, hier S. 7 f.).

KAPITEL 23

1 Zur Wirkungsgeschichte der Betriebswirtschaftslehre Goethe: Wilhelm Meisters Lehrjahre, Kap. I,10. Hamburger Ausgabe in 14 Bänden, Bd. VII. München: C.H.Beck 10. Aufl. 1981, S. 37.

2 Luca Pacioli: Abhandlung über die Buchführung (1494), hg. Balduin Penndorf (1933) Nachdruck Stuttgart: Schaeffer-Poeschel Verlag 2009 (Quellen und Studien zur Geschichte der Betriebswirtschaftslehre, 2), mit ausführlichem historischen Kommentar und Bibliographie, hier besonders S. 56 ff.

3 Daniel Defoe: Robinson Crusoe, hg. Thomas Keymer / James Kelly. Oxford: University Press 2007 (Oxford World's Classics), besonders S. 41 ff., 130 ff., 171 ff., 235 ff. Deutsch: Robinson, in: Romane in zwei Bänden, Bd: I. hg. Norbert Miller. München: Hanser 1968. Zu Daniel Defoe vgl. besonders Norbert Miller in seinem Vorwort: «Es ist die Poesie der Handelsstatistiken und der Rechnungsbücher, an denen sich seine Vorstellung entzündet» (S. 12). Eine reiche Dokumentation der ökonomischen Ansichten des Autors findet man auch in: Political and Economic

Writings of Daniel Defoe, hg. W. E. Owens / P. N. Furbank, 8 Bde., London: Pickling & Chatto 2000, hier besonders Bde. VI (Finance) und VII (Trade), beide hg. John McVeagh.

4 Zu der Beachtung, die der Robinson-Roman bei den National-Ökonomen gefunden hat, vgl. auch Karl Marx, der empfiehlt, die puritanische Vorsehungs-Gläubigkeit Robinsons als das «Vergnügen» und die «Erholung» des Autors anzusehen und für die Theorie der Wirtschaftswissenschaft zu vernachlässigen (Das Kapital, Erstes Buch I 4). Vgl. auch Werner Ross: Soll und Haben (1965) und Die Feder führend. Schriften aus fünf Jahrzehnten. München: Kastell Verlag 1987, S. 562–565. Ferner auch Claudio Magris: Das Alphabet der Welt. Von Büchern und Menschen (ital. 2008). München: Hanser 2011, Kap.: Robinson und die Robinsons, S. 58–66. Zu den Aspekten des Kolonialismus vgl. ferner Jef Verschueren: Ideology in Language Use. Pragmatic Guidelines for Empirical Research. Cambridge: Cambridge University Press 2012.

KAPITEL 24

1 Goethe: Faust. Der Tragödie Erster Teil. Ich zitiere nach der zweibändigen Ausgabe von Albrecht Schöne. Frankfurt/M: Deutscher Klassiker Verlag 1994, besonders die Szenen «Straße», «Marthens Garten» und «Nacht».

2 Zu Goethes «Humanitätsreligion» vgl. besonders Hans-Jürgen Schings: «Für Göttersöhne. Goethes Begriff der Religion», in seinem Buch: Zustimmung zur Welt. Goethe-Studien. Würzburg: Königshausen & Neumann 2011, S. 285–296.

KAPITEL 25

1 Hegel: Die Philosophie des Rechts. Vorlesung von 1821/22, hg. Hansgeorg Hoppe. Frankfurt/M: Suhrkamp 2005 (stw 1721), §46.

2 Gottfried Keller: Romeo und Julia auf dem Dorfe. Novelle. In: Die Leute von Seldwyla, Sämtliche Werke in sieben Bänden, Bd. IV, hg. Thomas Böning. Frankfurt/M: Deutscher Klassiker-Verlag 1989, S. 69–144.

3 Theodor Storm: Vorwort (1881). Zur Geschichte dieses «Topos» vgl. Hugo Augst: Novelle. Stuttgart: Metzler 1990, Kap. 4.6.2 (S. 115).

KAPITEL 26

1 Gustav Freytag: Soll und Haben. Roman in sechs Büchern. Mit einem Nachwort von Helmut Winter. Waltrup und Leipzig: Manuskriptum 2002, besonders Kap. I 2/3/6, II 4/8, III 1/4. Zur Poetik vgl. auch Freytags Schrift Die Technik des Dramas, hg. Manfred Plinke. Berlin: Autorenhaus 2003.

2 Zu den jüdischen Personen und ihren Rollen im Roman folge ich besonders einem (bisher nicht publizierten) Vortrag von Jens Malte Fischer unter dem Titel «‹Mit Baruch ist es auch nichts›. Das Bild des Juden in der deutschen Literatur von der Mitte des 19. Jahrhunderts bis zur Jahrhundertwende.» Vgl. auch Hans Otto Horch: Judenbilder in der realistischen Erzählliteratur, in: H. A. Strauss / C. Hoffmann (Hg.): Juden und Judentum in der Literatur. München 1985, S. 140–

171. Vgl: ferner Klaus Christian Köhnke: «Ein antisemitischer Autor wider Willen. Zu Gustav Freytags Roman *Soll und Haben*», in: H.O. Horch / H. Denkler (Hg.): Conditio Judaica. Tübingen 1989, S. 130–147, mit weiteren Literaturhinweisen.

3 Dietz Bering: Der Name als Stigma. Antisemitismus im deutschen Alltag 1812 bis 1933. Stuttgart: Klett-Cotta 1987. – Vgl. auch Stefana Sabin: ‹Es ist ein Unmensch, keines Mitleids fähig›. Shakespeares Shylock und der Antisemitismus-Vorwurf. Göttingen: Wallstein 2012.

4 Theodor Fontane zu Gustav Freytag: Soll und Haben. Werke in drei Bänden, hg. Kurt Schreinert. München: Nymphenburger Verlagshandlung 1968, Bd. III, S. 841–859, hier S. 850 ff. Fontane bedauert Freytags «Ungerechtigkeit» gegen die zwei «Gesellschaftsfaktoren» Landadel und Judentum.

KAPITEL 27

1 Emile Zola: L'argent. In: Les Rougon-Macquart. Histoire naturelle et sociale d'une famille sous le Second Empire, hg. Armand Lanou / Henri Mitterand, Bibliothèque de la Pléiade, Bd. V, Paris : Gallimard 1967, der Text S. 11–398, der Kommentar S. 1225–1352. Deutsch: Das Geld, übersetzt von Leopold Rosenzweig, Frankfurt/M, Insel 2009 (Insel Taschenbuch 3532). Vgl. auch Émile Zola: Écrits sur le roman. Anthologie. Paris: Librairie Générale Française 2004 (Le livre de poche, 586).

KAPITEL 28

1 Walther von der Vogelweide: Leich, Lieder, Sangsprüche. König-Friedrichston X, hg. Christoph Cormeau, 14. völlig neu bearbeitete Auflage. Berlin: De Gruyter 1996, S. 54. Die Übersetzung von Peter Wapnewski nach Karl Otto Conrady: Das große deutsche Gedichtbuch. Kronberg /Ts.: Athenäum 1977, S. 29.

2 Heinrich Heine: «Weltlauf», in: «Romanzero, Lazarus». Historisch-kritische Gesamtausgabe der Werke, hg. Manfred Windfuhr. Bd. III/1. Hamburg: Hoffmann und Campe 1992, S. 105.

3 Karl Marx / Friedrich Engels: Manifest der kommunistischen Partei. Marx-Engels-Gesamtausgabe, Bd. IV. S. 459–493 oder in der separaten Ausgabe von Iring Fetscher, Frankfurt/M: Suhrkamp 2005.

4 Georg Büchner: Woyzeck, Szene V. Sämtliche Werke und Schriften. Bd. VII, Teilband 1, hg. Burghard Dedner / Gerald Funk mit Mitarbeitern; Teilband 2, hg. Burghard Dedner mit Mitarbeitern. Darmstadt: Wissenschaftliche Buchgesellschaft 2005. Für die Ordnung der Szenen aus dem Nachlass ist die voluntas auctoris ungewiss.

5 Katharina Hacker: Die Habenichtse. Roman. Frankfurt/M: Suhrkamp 2007, S. 217 und 50 f.

KAPITEL 29

1 Nikolaus Becker: «Rheinlied – Der deutsche Rhein. An Alphonse de Lamartine». Gesammelte Gedichte 1841. Vgl. auch in enger Anlehnung an Becker: «Die Wacht am Rhein» von Max Schneckenburger.

2 Alphonse de Lamartine: Marseillaise de la paix. Œuvres poétiques complètes, hg. Marius-François Guyard, Paris: Gallimard 1963 (Bibliothèque de la Pléiade), hier S. 1173–1179.

3 Alfred de Musset : Le Rhin allemand. Réponse à la chanson de Becker (1841). Poésies complètes, hg. Frank Lestringant. Paris: Librairie Générale Française 2006, S. 565 f. (zu Lamartines Missfallen vgl. S. 841f). Musset hat seinem Gedicht eine französische Übersetzung des Rhein-Liedes von Becker vorausgeschickt (ebd. S. 564 f.).

4 Heinrich Heine: Deutschland. Ein Wintermärchen (1844), caput V., Sämtliche Schriften in zwölf Bänden, hg. Klaus Briegleb. Frankfurt/M, Ullstein 1981. Bd. VII, S. 587–589.

5 Vgl. Kurt Adolf Thelen: Das Nationallied «Sie sollen ihn nicht haben, den freien deutschen Rhein», mit acht Melodien nach den beliebtesten Volksweisen bearbeitet. Wesel: Bagel 2011.

KAPITEL 30

1 Günter Grass: Katz und Maus. Eine Novelle. Werkausgabe, Bd. IV, hg. Volker Neuhaus. Göttingen: Steidl 1997.

KAPITEL 31

1 Adolf Hitler: Der Großdeutsche Freiheitskampf, Reden im Kriege, hg. [«Reichsleiter»] Philipp Bouhler, 3 Bde. München: Eher 1941/42. Vgl. auch Hitler: Es spricht der Führer. Sieben exemplarische Hitler-Reden. Gütersloh: Mohn 1966.

KAPITEL 32

1 Günter Eich: «Inventur» in: Die Gedichte. Die Maulwürfe, hg. Axel Vieregg. Gesammelte Werke in vier Bänden. Revidierte Ausgabe, Bd. I. Frankfurt/M: Suhrkamp 1991, S. 35 f.

KAPITEL 33

1 Vgl. Gerhard Oestreich: Geschichte der Menschenrechte und Grundfreiheiten im Umriss (1968). Berlin: Duncker & Humblot 2. Auflage 1978 [mit ausführlicher Bibliographie S. 130–158]. – Patrice Rolland/Paul Tavernier: La protection internationale des Droits de l'homme (Textes). Paris: Presses Universitaires de France 1989. Vgl. auch Martine Abdallah-Pretceille (Hg.): Les Droits de l'homme en Europe 1789–1992. Amiens: Centre Régional de Documentation Pédagogique de Picardie 1994.

2 Martin Luther King: «I Have a Dream». In: Clayborne Carson (Hg.): The Autobiography of Martin Luther King, Jr., London: Abacus 2010, besonders Kap. 20, S. 223–228.

EPILOG:

1 Nicolas André Monsiau (1754–1837): Alexander der Große und Diogenes (1818). Das Gemälde hängt im Musée des Beaux Arts in Rouen.

2 Diogenes Laertios: Geschichte der griechischen Philosophie, übersetzt und herausgegeben von Fritz Jürß. Stuttgart: Reclam 2. Aufl. 2010 (RUB 969). Zu Diogenes: Kap. 6, 20–81. Vgl. auch Heinrich Niehues-Pröbsting: Der Kynismus des Diogenes und der Begriff des Zynismus. Frankfurt/M.: Suhrkamp 1996.

3 Vgl. zur Einführung Hans-Joachim Gehrke: Alexander der Große. München: C.H.Beck 5. Aufl. 2009.

ABBILDUNGSNACHWEIS

S. 122: akg-images – Archiv für Kunst und Geschichte, Berlin; S. 186: The Bridgeman Art Library, London.

SACHREGISTER

NAMENREGISTER